MANUEL

DU

DÉMAGOGUE

PAR

RAOUL FRARY

PARIS
LIBRAIRIE LÉOPOLD CERF
13, RUE DE MÉDICIS, 13

1884

MANUEL

DU

DÉMAGOGUE

DU MÊME AUTEUR :

LE PÉRIL NATIONAL

Ouvrage couronné par l'Académie française.

5e *édition.*

A UN JEUNE HOMME

Votre père, mon jeune ami, veut que je mette à votre service toute la connaissance que je puis avoir des hommes et des choses de la politique : « Surtout, m'écrit-il, ne donnez à mon fils que » des conseils pratiques. J'entends qu'il devienne » le plus tôt possible un homme d'État. Le choix » d'une opinion m'intéresse peu ; il ne s'agit que » de choisir le chemin le plus court pour aller à » la célébrité, et à ce genre de célébrité qui con- » duit à la puissance. Le nom que j'ai porté » obscurément au fond de ma province, je sou- » haite avec impatience qu'il soit crié par- » dessus les toits et qu'il coure sur toutes les » lèvres. Je suis sûr que mon fils ne fera rien » de déshonorant ; je sais d'ailleurs qu'en po- » litique il est presque impossible de se dés- » honorer. Il faut bien que les hommes aient

» une passion ; je désire qu'il soit ambitieux, et
» je compte sur vous pour éclairer ses premiers
» pas. Il a du courage, du zèle et quelque intel-
» ligence ; il ira loin, pourvu qu'il débute bien.
» Un mauvais début est une gêne pour toute la
» vie. Epargnez-lui toute démarche dont il puisse
» se repentir plus tard : le repentir sauve les
» chrétiens, mais il perd les ambitieux. Vous vi-
» vez depuis longtemps à Paris ; vous connaissez
» les signes du temps ; vous savez d'où le vent
» souffle, et d'où il va souffler. Orientez ce novice
» dans le sens de l'avenir, d'un avenir prochain,
» car il ne doit pas languir dans une opposition
» stérile. »

Je n'ai rien à refuser à votre père, mon jeune ami, et je me conformerai strictement à ses désirs, qui sont aussi les vôtres. Car vous avez eu cette rare bonne fortune de goûter les maximes qu'on vous enseignait. D'ordinaire les jeunes gens ont hâte de brûler les dieux qu'on leur a fait adorer. Elevé dans le culte du succès, vous risquiez fort de vous sentir une vocation irrésistible pour l'idéalisme et le martyre. Votre excellent naturel vous a préservé de ce danger, et vous n'aspirez qu'à réaliser les rêves de votre heureux père. Je vais donc me mettre à votre place, et oublier mes préférences pour ne songer qu'à votre intérêt. Ne vous étonnez pas si je vous donne des conseils que je ne voudrais pas suivre : je ne suis pas ambitieux.

J'entre en matière sans marchander : faites-vous démagogue. Ce mot vous choque peut-être, mais les mots ne font peur qu'aux petits esprits ; rien, d'ailleurs, ne vous oblige à coller cette étiquette sur votre chapeau. Démagogue est un mot grec qui veut dire conducteur du peuple. On aurait donc pu l'appliquer à tous les hommes d'État ; l'usage le réserve à ceux qui servent le peuple comme il veut être servi, et qui s'appliquent par dessus tout à lui plaire. Un démagogue dans une république joue donc à peu près le même rôle qu'un courtisan dans une monarchie, un rôle qui rapporte beaucoup d'honneurs, et qui n'est point si désagréable qu'on le pense. Il y a bien plus d'envie que de mépris dans tout le mal qu'on a dit des courtisans au beau temps de la cour. Les plus grands seigneurs, et non les moins vertueux, ne rougissaient pas de faire cortège au Roi-Soleil et de se disputer des emplois dans sa maison. Les plus fières aristocraties reconnaissaient ou plutôt proclamaient que le service personnel ne déroge pas, et transformèrent en dignités d'État les offices domestiques du palais. Nous nous moquons des chambellans d'autrefois : c'est que le souverain est changé ; mais la nature humaine est restée la même, et le caractère français ne varie guère. Nous ne sommes pas plus amoureux que les autres peuples de l'argent et du pouvoir, mais nous sommes plus désireux de plaire au maître, de marcher avec la foule sans nous y perdre, et de nous distinguer sans nous écarter. De tout temps les Français ont considéré la disgrâce comme la plus cruelle des infortunes, et la faveur comme le plus bel objet de l'ambition humaine; de tout temps ils ont recherché par dessus tout le sourire du prince et l'applaudissement du peuple ; or, le prince et le peuple sont aujourd'hui confondus. Plus heureux que les courtisans des siècles passés, nos démagogues n'ont même pas à choisir entre le souverain et le public.

Je me propose de vous indiquer moins encore ce qu'il faut faire que ce qu'il faut dire, et par conséquent ce qu'il faut croire. Car l'homme politique doit autant que possible mettre d'accord sa conduite, son langage et sa foi. L'hypocrite n'est pas seulement malheureux et méprisable, il est surtout maladroit. Quel que soit mon désir de répondre à la confiance de votre père, je ne vous conseillerai pas de vous imposer une si odieuse contrainte. La nécessité de mentir est insupportable, surtout quand le mensonge est intéressé. On ne saurait s'observer sans cesse : mieux vaudrait renoncer à la fortune. Pour ceux qui ont une vocation de comédien, je les engagerais plutôt à suivre la carrière du théâtre, qui est aujourd'hui l'une des plus lucratives et la plus honorée, et qui laisse beaucoup plus de répit que l'hypocrisie. Mais le démagogue a le devoir d'être sincère, car l'auditoire le plus incapable de découvrir le point faible du plus grossier sophisme discerne vite le manque de sincérité.

Vous me demanderez si je me flatte de vous inspirer une foi que j'avoue ne point partager. Je n'ai pas cette prétention. Une pièce fameuse nous montre un jeune homme qui passe en vingt-quatre heures de gauche à droite et de droite à gauche, pour avoir lu d'abord un discours conservateur, puis un livre libéral, sortis de la même main. Ces revirements ne sont possibles qu'au théâtre, où l'on peut supposer que Giboyer a du génie et que son fils est une cire molle. Les jeunes gens d'aujourd'hui ne sont pas si malléables. On les voit pourtant prendre assez vite l'esprit de leur état, quand ils ont quitté les bancs pour s'adonner à une profession qui n'est pas toujours de leur choix. C'est que nos opinions ne tiennent guère à la force des arguments qui semblent les appuyer. Elles nous viennent quelquefois de l'éducation, mais rarement. Le plus souvent l'instinct de la révolte nous pousse à répudier ce que nous ont prêché nos parents et nos maîtres, pour nous faire les disciples dociles d'un camarade qui nous a séduits par sa bonne humeur et sa désinvolture, ou qui a gagné notre confiance par le prestige dont il jouit au café. Nous acquérons ainsi des convictions ardentes, bruyantes, généreuses, mais encore provisoires. Plus tard l'intérêt prend sur notre intelligence et sur notre cœur un empire plus solide. Les esprits superficiels s'imaginent que les croyances intéressées ne sont pas sincères ; il n'y a pas de plus complète erreur. Se figure-t-on, par exemple, que les industriels à qui profitent les tarifs protecteurs aperçoivent le défaut de la thèse protectionniste, et qu'ils ne voient pas clairement que leur prospérité est essentielle à la prospérité de l'État? S'il existe dans l'administration des fonctions inutiles et dans la société des professions parasites, nul ne devrait le savoir mieux que les gens qui les exercent, et nul ne l'ignore davantage. Allons plus loin; j'ose affirmer que sur dix braconniers, neuf au moins estiment en leur âme et conscience que le gibier leur appartient par droit de nature autant que par droit de conquête.

Il y a des raisons pour tout, il n'est pas une doctrine qui ne se puisse soutenir, pas un abus qui ne se puisse justifier. Le Perrin Dandin des *Plaideurs* vous rirait au nez de très bonne foi si vous essayiez de lui prouver que la torture est une pratique odieuse; les inquisiteurs étaient pour la plupart assurés de l'immensité des services qu'ils rendaient à leur prochain ; les plus grands brûleurs furent les plus grands saints. Un musulman plaint aussi sincèrement l'erreur du chrétien qu'un chrétien l'erreur du musulman. La diversité des religions prouve au moins la souplesse de l'intelligence humaine, et l'infinie variété des arguments qui peuvent la convaincre. Or, l'intérêt est un avocat retors qui, dans la masse des arguments, choisit avec un tact infaillible les plus propres à nous persuader, et qui nous les souffle incessamment à l'oreille. Nous ne résistons guère à ces suggestions continuelles, à moins qu'un intérêt n'en contredise un autre, et que cette puissance ne soit divisée d'avec elle-même. Il y a de l'intérêt jusque dans la foi chrétienne, et ceux qui ont beaucoup fait pour gagner le ciel, trouveraient naturellement absurde que le ciel n'existât pas. Combattre leurs croyances, c'est chercher à anéantir le domaine qu'ils ont acquis par tant de labeurs et de privations ; c'est déchaîner la grêle sur leur récolte.

Si l'intérêt soutient jusqu'à la foi religieuse, que ne fera-t-il pas pour l'esprit de parti? L'homme qui entre dans un parti, même sous l'empire d'une impulsion instinctive ou d'un sentiment passager, ne tardera pas à se persuader que ses compagnons d'armes ont toujours raison et ses adversaires toujours tort. Dans le milieu spécial où le confine son activité politique, il contracte une sorte de daltonisme intellectuel qui le rend aveugle à certaines vérités comme les yeux atteints de daltonisme sont aveugles à certaines couleurs. Tout contribue à l'enfoncer dans sa partialité : l'approbation de ceux qu'il estime et qu'il aime, les injures de ceux qu'il hait, les passions nobles et les passions vulgaires, le sentiment de là fidélité au drapeau comme l'amour-propre et la rancune, et par dessus tout les discussions privées ou publiques qui l'obligent sans cesse à trouver de nouveaux arguments à l'appui de sa thèse, ou une forme nouvelle pour les arguments rebattus.

Remarquez qu'un homme plein de zèle pour le triomphe de sa cause croit rester sincère et honnête en soutenant sa cause par des assertions peu sincères et des moyens peu honnêtes. L'avocat se sent dans le devoir quand il recourt, pour le bien de son client, aux subtilités et aux subterfuges ; l'homme de parti conserve une conscience calme et un front serein quand il viole la justice et arrange la vérité pour assurer finalement la victoire de la justice et de la vérité. Encore l'avocat sait-il parfois qu'il plaide contre le bon droit ;

l'homme de parti se flatte toujours de combattre le bon combat. Je ne crois pas que la théorie des deux morales ait été en effet soutenue par l'émiment critique à qui on l'attribue, mais elle est constamment pratiquée depuis qu'il y a des États organisés, des partis en lutte, et qu'on se dispute le pouvoir. On ne volerait pas, on confisque ; on n'assassinerait pas, on proscrit ; on ne calomnierait pas un ennemi personnel, on calomnie un ennemi politique ; on serait loyal dans un duel, on est perfide à la tribune ; on ne tromperait pas un enfant, on trompe un auditoire, une Chambre, un peuple, sans scrupule ni remords, pour le bon motif.

Aussi les vrais hommes de parti font-ils en réalité peu de sacrifices à leur parti. De loin leur sort nous paraît peu enviable ; il semble que l'intérêt de leur cause et de leur grandeur les condamne à des besognes pénibles ; mais la passion et l'accoutumance leur rendent tout facile. Les démagogues surtout suivent un chemin assez uni. Pour courir dans cette carrière, vous n'avez pas besoin de vous faire violence ; si vous aviez trop à prendre sur vous, il serait sage de chercher ailleurs l'emploi de vos facultés. Tout au plus faudra-t-il au début quelques efforts. Pascal dit au chrétien de sa façon : « Abêtissez-vous ! » Je vous dirai simplement : « Entraînez-vous ! »

Des lectures et des fréquentations bien choisies, quelques exercices préliminaires appropriés à votre dessein, vous donneront vite le goût de votre profession. Jetez-vous d'abord à l'eau, et jouez pour vous divertir le rôle de tribun naissant ; c'est un amusement que vous ne tarderez pas à prendre au sérieux. Quand vous éprouverez quelque lassitude, lisez pour vous retremper les écrits des plus âpres polémistes de l'autre bord, excellent tonique pour les passions menacées d'anémie. On peut trouver à toute heure l'occasion de s'indigner ; les naïfs la cherchent dans les journaux de leur opinion, et les gens d'esprit dans les journaux de l'opinion opposée.

Pour moi, je n'ai pas à vous exhorter, puisqu'il me serait impossible de vous prêcher d'exemple. Mais j'essaierai de vous guider dans la voie où vous entrez, de dresser pour vous la carte du pays que vous allez parcourir. Je vous aiderai ainsi à gagner du temps, à devancer vos rivaux, à éviter les tâtonnements et les mécomptes où vous exposerait votre jeunesse. La démagogie a ses écueils, mais l'expérience les signale. Ce qui fait le charme de cette profession, c'est qu'on l'exerce presque entièrement à ciel ouvert ; ses secrets sont accessibles à tout observateur attentif. Les ressorts qui font mouvoir la foule n'ont rien de mystérieux ; pour apprendre à les connaître et à les manier, il suffit de quelques principes généraux et de quelques notions d'histoire. Je vous indiquerai les principes et je résumerai les leçons de l'histoire. Le reste vous regarde, car la méthode ne supplée pas au talent, ni à la volonté, et le succès suppose toujours une supériorité quelconque, fût-ce celle de l'audace ou des poumons.

LIVRE PREMIER

LE SOUVERAIN

LIVRE PREMIER

LE SOUVERAIN

CHAPITRE PREMIER

QUELQUES TRAITS DU CARACTÈRE NATIONAL

Depuis qu'il y a des maîtres et des courtisans, l'art de plaire a été cultivé avec talent et avec succès. Cependant on y peut toujours innover, car les mœurs changent, les idées se modifient. Tous les souverains ne se piquent point du même mérite, ne sont pas accessibles aux mêmes séductions. Il ne faut pas louer Napoléon comme Louis XIV, et la faveur du peuple ne se gagne pas par les mêmes procédés que la faveur de Napoléon. La théorie reste la même; la pratique varie avec les temps et les hommes. Le premier soin de celui qui veut parvenir doit être d'étudier l'arbitre de sa fortune; le démagogue français doit d'abord bien connaître l'esprit de la démocratie française.

L'esprit de la démocratie française n'est pas la même chose que l'esprit français. Nous donnons volontiers ce nom d'esprit français à l'ensemble des qualités et des travers qu'on remarque communément chez nos concitoyens les plus éminents en tous genres. Ce n'est pas sur les barbouilleurs qu'on juge notre peinture; les écrivains de pacotille ne donnent pas le ton aux lettres françaises. Dans les arts, dans les lettres, même dans le domaine de la mode, c'est le petit nombre qui mène la foule; le goût est un privilège. En politique, partout où règne la démocratie, c'est la foule qui fait la loi; ses chefs se contentent le plus souvent de la conduire où elle veut, par le chemin qui lui plaît. Si vous voulez exceller dans un art, interrogez les maîtres, élevez vos regards vers les plus parfaits modèles. Si vous voulez arriver aux honneurs, suivez une méthode contraire; détournez les yeux des hommes trop éclairés ou trop vertueux dont le mérite rare vous ferait illusion; consultez le vulgaire : c'est son opinion qui gouverne l'État, c'est son affection qui distribue les faveurs les plus durables, qui décerne la gloire où vous aspirez.

Sans doute, dans les choses de l'art, c'est le public qui prononce, du moins provisoirement, qui donne la réputation et le succès. Mais il y a une grande différence entre le public et le peuple. Le public est en somme une minorité, et une minorité qui se défie d'elle-même, qui se laisse guider, qui attend et qui écoute le jugement des connaisseurs. Le peuple, c'est la majorité, et une majorité qui trouve toujours des interprètes habiles pour traduire ses idées même les plus absurdes, des avocats éloquents pour justifier ses goûts, ses préférences, ses volontés les moins justifiables. Si tous les publicistes, écrivains et orateurs, se donnaient le mot pour ne dire que la vérité, pour ne prêcher que la justice, pour ne servir que l'intérêt national, le peuple serait forcé de suivre, car il ne se gouverne pas par lui-même ; il ne fait que choisir ses élus parmi les candidats, ses oracles parmi les politiciens. Mais ne nous arrêtons pas à cette supposition chimérique. Il n'y a pas de souverain sans courtisans, ni de démocratie sans démagogues. Même si la flatterie cessait d'être une profession, elle serait encore un goût ; s'il n'y avait pas de démagogues par intérêt, il y en aurait par vocation et par principe. Si le peuple a des penchants mauvais, les démagogues ne manqueront pas, au besoin il en sortirait de dessous terre ou il en tomberait de la lune.

Mais le peuple a-t-il des penchants mauvais? Demandez s'il se compose d'hommes ou d'anges. Par quel tour de logique arrivera-t-on à concilier ces deux propositions : les hommes sont en majorité sujets à l'erreur, aux passions, aux tentations ; dès qu'on a pris en main le bulletin de vote, la majorité des hommes est inaccessible à l'erreur, aux passions, aux tentations? Croirons-nous que Dieu ait fait ce miracle, et qu'il ait gratifié le peuple d'aujourd'hui, comme les rois d'hier, d'une lumière et d'une vertu surnaturelles? Il serait plaisant que la démocratie s'arrogeât cette portion chimérique de l'héritage du droit divin. Dira-t-on que la nature nous a faits bons et sages, et que nous retournons à l'état de nature quand nous sommes assemblés, quand nous exerçons nos droits civiques? Cet optimisme mystique fut à la mode vers la fin du XVIIIe siècle ; les meneurs de la Révolution y puisèrent un surcroît de confiance et d'énergie. Nous avons maintenant assez d'expérience pour revenir au sens commun, pour reconnaître que les foules ressemblent aux individus, qu'elles peuvent être ignorantes, emportées, avides, qu'elles se laissent flatter, tromper, égarer, qu'elles ont de bons et de mauvais penchants, qu'elles choisissent tantôt bien, tantôt mal, leurs chefs et leurs oracles.

Je ne veux pas médire de mes concitoyens. Je les tiens pour une des nations les plus douces et les plus humaines qui soient au monde. Ce n'est pas que nous soyons, comme nous aimons à nous le laisser dire, les délices du genre humain. Notre amour-propre nous a fait beaucoup d'ennemis, et nos malheurs en ont triplé le nombre. Chose remarquable : à force de nous vanter, nous avons su exciter la jalousie même dans l'infortune. Mais ce qui prouve que nous valons mieux que notre réputation, sans valoir peut-être autant que nous nous prisons, c'est que les étrangers de toute race se plaisent à vivre chez nous. Quand ils nous jugent mal, leur goût corrige leur jugement, et leur amour pour la France désavoue leur sévérité pour les Français.

Donnons-nous le plaisir de nous louer un peu ; nous aurons assez lieu de nous décrier. Voici ce que disait au commencement du XVIIIe siècle un Suisse observateur et philosophe, qui nous connaissait bien et ne songeait guère à nous flatter, l'auteur des *Lettres sur les Anglais et les Français* : « La bonté » de cœur qui est propre aux Français, et qui fait le

» fond de leur caractère, et la franchise qui assortit
» cette bonté, font ensemble l'ornement de cette
» nation. S'ils cultivaient ces qualités autant qu'elles
» le méritent, et s'ils plaçaient là la préférence
» qu'ils prétendent avoir sur les autres nations, on
» serait tenté de la leur adjuger. »

Nous n'avons pas beaucoup changé depuis deux siècles, malgré les révolutions qui ont transformé notre état politique bien plus que nos mœurs ; nous pouvons encore nous faire honneur de l'éloge qu'un étranger et un protestant nous accordait à la fin du règne de Louis XIV. Et cet éloge ne s'applique pas seulement aux classes dirigeantes d'alors ou d'aujourd'hui ; le peuple y a droit tout entier. Nulle part on ne trouve autant d'ouverture de cœur, de politesse vraie, d'empressement à obliger. L'égoïsme conserve partout ses droits : partout la majorité des humains est peu capable de grands sacrifices ; mais c'est bien quelque chose que cette affabilité qu'on rencontre chez nous dans toutes les conditions, et qui fait qu'un homme isolé est moins seul en France qu'ailleurs. La colère nous jette quelquefois hors de notre naturel ; nous devenons à l'occasion cruels et féroces, quand les circonstances déchaînent les passions mauvaises dont le germe est dans tous les cœurs. Mais la douceur est en effet le fond de notre caractère, et nous sommes en réalité les plus sociables des hommes.

Si notre faculté maîtresse est la sociabilité, ce n'est pas seulement parce que nous sommes bons, mais parce que nous sommes doués au plus haut degré de l'instinct d'imitation. Il nous en coûte beaucoup de ne pas faire comme les autres, de ne pas ressembler à tout le monde. Nous nous plaisons à exceller, mais nous craignons de nous singulariser. Quoi qu'en pensent les artistes, pour qui l'originalité doit être une vertu, dire d'un Français que c'est un original, c'est lui donner un ridicule. Nous obéissons servilement à la mode, même quand nous la trouvons absurde et gênante. Notre grand poète comique, concevant l'idée d'un misanthrope, en a fait un homme du monde, dont la hardiesse et la sauvagerie ne vont qu'à se révolter contre quelques usages. Juger sincèrement un sonnet, mais avec une sincérité qui s'enveloppe d'abord de périphrases, fuir les embrassades frivoles et les protestations banales, condamner la médisance et ne pas solliciter les juges, voilà toute la misanthropie d'Alceste. S'il s'indigne de la coquetterie de Célimène, ce n'est pas comme misanthrope, mais comme amoureux. Quand il parle de fuir dans un désert, on ne saurait le prendre au sérieux ; on sait qu'il continuera de fréquenter les salons, de s'y faire craindre par ses boutades et d'y être estimé pour sa franchise. Il n'a rien de commun avec le Timon de Shakespeare ; il ne veut de mal à personne ; il est fidèle au roi et à l'Eglise, et ses plus âpres sorties contre les mœurs du temps seraient des lieux communs dans la bouche du premier sermonaire venu.

Nos habitudes de langage trahissent sans cesse l'esprit d'imitation qui nous domine. Nous disons d'un habit : « cela se porte », d'une démarche : « cela se fait », d'une opinion : « cela se dit », et il n'est besoin de rien ajouter. Nous ne tolérons les paradoxes que quand ils sont soutenus avec esprit; nous ne souffrons la contradiction que si elle nous amuse. Quand nous avons constaté la direction d'un courant, il ne nous reste plus qu'à y céder; nous ne supportons pas l'idée de rester longtemps à l'écart. Un parti qui a conscience de sa faiblesse numérique est chez nous un parti ruiné. Bien peu de Français pousseraient l'héroïsme jusqu'à persévérer dans une croyance peu répandue, s'ils ne se faisaient illusion sur le chiffre de leurs coreligionnaires. Les plus solides arguments ne valent pas le spectacle d'une foule nombreuse, et aucun courage n'est plus rare que celui qui consiste à plaider une cause perdue, simplement parce qu'on la trouve juste, et sans espoir de la faire triompher.

L'instinct d'imitation est naturellement accompagné de l'instinct de propagande. Ne comprenant pas comment nous pourrions penser autrement que tout le monde, nous nous efforçons sans cesse de ramener au troupeau les révoltés et les isolés. Toute majorité regarde comme son premier devoir la conquête de la minorité, à laquelle on ne pardonne pas d'exister, même quand on ne la craint plus. Si la douceur de nos mœurs nous fait haïr les cruautés de l'Inquisition, notre extrême sociabilité nous donne le goût de la persécution. Toute hérésie politique, religieuse, philosophique, nous semble une rébellion, et nous tenons l'unité pour le premier des biens. Là-dessus nos démocrates modernes ne diffèrent guère de Louis XIV; il ne serait pas très difficile de leur faire recommencer les dragonnades. Peut-être le règne de la tolérance ne s'établira-t-il jamais en France, tant la diversité des croyances nous choque, et c'est parce que nous sommes très sociables que nous joignons une rare intolérance à une réelle douceur. Par là aussi s'explique une autre contradiction. Les Français à l'étranger prennent d'abord pour de la barbarie ce qui s'éloigne de leurs habitudes; cependant ils se plient autant et mieux que tout autre peuple aux coutumes du pays qu'ils habitent. Ne pouvant être imités, ils imitent; désespérant d'être pris pour modèles, ils se font copies, et fournissent au besoin des caciques aux Hurons et des mandarins à la Chine.

Aussi n'est-il aucun emploi qui plaise plus aux Français que celui de missionnaire. Ce n'est pas que nous soyons plus que d'autres attachés à nos croyances, mais nous éprouvons davantage le besoin de les répandre, et notre bon cœur nous fait prendre en pitié les gens qui ont le malheur de ne pas penser comme nous. Comme nous avons changé de dogmes sans changer de caractère, nous nous piquons toujours d'appeler le reste du monde à la possession des vérités dont nous sommes épris. Nos malheurs ont à peine refroidi ce zèle, et la crainte de provoquer l'hostilité des puissances ne nous préserve que difficilement de toute indiscrétion. Nous n'avons pas cessé d'admirer l'esprit de propagande qui éclatait dans la Convention et qui animait le Directoire ; nous regrettons seulement d'être trop faibles pour inviter tout haut les autres peuples à nous accompagner dans le chemin de la Terre promise.

L'inconstance dont on nous accuse peut aussi se rapporter à notre naturel sociable. Notre histoire prouve que nous ne sommes pas si changeants qu'on veut bien le dire ; il a fallu de bien légitimes griefs pour nous déprendre de nos rois. Mais, depuis que nous sommes entrés dans une période de révolutions, nous sommes devenus d'autant plus mobiles que les grands courants nous emportaient sans résistance. Un homme s'arrête où il veut ; une foule lancée dépasse le but. Un homme avance ou recule pas à pas ; une foule se précipite ou se prend de panique. Maintenant le parti vainqueur traîne avec lui une masse dont le poids le pousse avec une force irrésistible au delà des bornes qu'il se marquerait lui-même. Nous avons toujours eu, depuis quatre-vingt-dix ans, d'assez bonnes raisons pour changer d'avis ; le mal est que nos oscillations ressemblent au flux et au reflux, qui balaient tout, parce que derrière chaque vague il y a l'Océan.

CHAPITRE II

LA TRADITION MONARCHIQUE

Pour qui veut connaître l'esprit de la démocratie française, rien ne vaut l'étude de l'histoire. L'expérience et l'observation exigent beaucoup de temps et d'efforts, et peuvent nous tromper, parce qu'elles ne nous apprennent pas à discerner la forme du fond, les modes des mœurs, les passions éphémères des préjugés permanents. Si nos hommes d'État les plus habiles ont été si souvent déroutés, cela tient peut-être à ce qu'ils regardaient plus qu'ils ne réfléchissaient ; ce qui passe leur cachait ce qui dure. Nos révolutions leur apparaissaient comme des effets sans cause, ou comme des effets plus grands que la cause, et ils ne savaient pas voir, sous l'inconstance des volontés, la constance du caractère. S'ils avaient mieux médité notre histoire, ils auraient été moins souvent surpris et déconcertés par des revirements qui n'étaient en somme que les manifestations d'un même tempérament ou les symptômes d'un même mal, comme la fureur et la prostration qui se suivent invariablement au cours de certaines affections nerveuses.

On fait aujourd'hui une large place à l'étude des races et des climats, parce que les sciences physiques sont à la mode, et que leurs glorieux succès les rendent envahissantes. De quelque vogue que jouisse la physiologie, ses explications ne suppléent pas toujours à celles de l'histoire. Le plus savant peseur de cervelles et mesureur de crânes nous dira-t-il pourquoi les Français ont été à si peu de distance si dévots à la monarchie et si enthousiastes de la République, pourquoi la démocratie américaine ressemble si peu à l'aristocratie anglaise, pourquoi les Saxons du continent sont si dociles, et ceux de la Grande-Bretagne si indépendants, pourquoi l'Italie a subi tant de vicissitudes ? Pour se rendre compte d'un fait, il n'est que de connaître les faits qui l'ont précédé ; la meilleure philosophie est encore celle qui déduit le lendemain de la veille. Les qualités permanentes d'un peuple gouvernent davantage sa vie privée ; sa vie politique obéit à des influences plus mobiles, à des passions qui s'échauffent et se refroidissent, à des traditions qui peuvent changer, à des croyances qui se transforment.

Je n'exige point que vous pâlissiez dans l'ombre des archives et des bibliothèques ; j'ai promis de résumer à votre profit les leçons de l'histoire. Si votre fortune dépendait de la faveur d'un homme, rien ne vous serait plus utile que de connaître sa vie, mais il ne serait pas pour cela nécessaire de posséder des mémoires détaillés sur chaque jour de son existence. Il vous suffirait de savoir l'origine de ses habitudes d'esprit et de cœur, de ses opinions, de ses goûts et de ses passions. Un portrait moral ne va point sans une biographie plus ou moins complète; quand on n'a pas de temps à perdre, on ne doit prendre de la biographie que ce qui sert à éclairer le portrait. Ceux qui savent le mieux l'histoire ne sont pas toujours ceux qui en tirent un bon parti. Personne presque ne l'étudie pour en appliquer de bonne foi les enseignements à la politique. Les érudits dédaignent la politique, se perdent dans les détails, s'enferment dans le cercle étroit d'une époque ou d'un règne. Admirons leur patience, leur pénétration, leur génie; ne leur demandons pas ce qu'ils ne pourraient nous donner. Les politiques parcourent nos annales, comme un avocat parcourt un dossier, pour y puiser des arguments bons ou mauvais; quand ce n'est pas l'intérêt qui les aveugle, c'est l'esprit de parti. Ils interrogent les siècles à la façon d'un juge d'instruction ou d'un défenseur; chacune de leurs questions implique la réponse, et la réponse vient toujours au gré de celui qui la sollicite, parce que dans la multitude innombrable des faits et des personnages, nous en trouvons toujours qui déposent comme il nous plaît. Vous aurez à cultiver cet art de suborner l'histoire; c'est une des parties essentielles du publiciste et de l'orateur. Mais en ce moment nous ne cherchons que la vérité.

Nous avons eu la monarchie la plus absolue et la révolution la plus terrible: il y a chez nous une tradition monarchique et une tradition révolutionnaire. La première nous est plus intime, et la seconde plus chère. C'est la Royauté qui a fait notre éducation, mais c'est la Révolution qui s'est emparée de nos cœurs. La Royauté nous a surtout donné nos travers, et la Révolution nos passions. L'ancien régime est généralement détesté. Gardons-nous d'en conclure qu'il n'ait point laissé de traces; il a duré trop longtemps pour n'avoir pas façonné nos âmes. Nos pères étaient jusqu'en 1789 les plus gouvernés des hommes; quoi qu'ils eussent à souffrir de l'excessive tutelle que le pouvoir faisait peser sur eux, ils en avaient si bien pris l'habitude qu'ils permirent à Napoléon de détruire jusqu'aux derniers vestiges des libertés récemment conquises, mal établies, mal pratiquées et mal appréciées. Ce n'est pas impunément qu'un peuple supporte, pendant des siècles, des maîtres aussi absolus. Il fut longtemps admis que l'autorité royale était chargée non seulement de la sécurité des sujets, mais de leur bonheur terrestre et futur. Elle réglait à la fois le commerce et les croyances, l'industrie et la police. On trouvait naturel qu'elle fît la guerre à l'hérésie comme à la disette. D'autres nations ont subi des tyrannies plus cruelles; aucune n'a subi une tyrannie plus minutieuse. La Royauté a inculqué aux Français l'idée de l'Etat-Providence, et l'on sait que la Providence ne dédaigne rien, ne laisse rien en dehors de son intervention. Quand on avait à se plaindre, on ne s'écriait pas : « si nous voulions! » mais « si le roi le savait! » Louis XIV ne se contentait pas de dire : « l'Etat, c'est moi! » Les Anglais d'aujourd'hui appellent bien leur flotte, la flotte de Sa Majesté. Ce qui est plus grave, c'est que l'Etat, sous Louis XIV, et dans la pensée des sujets comme dans la pensée du roi, c'était tout. L'institution a disparu, mais le préjugé survit. Il n'y a plus de roi, mais il y a encore un Etat, et l'idée que nous nous en faisons ressemble fort à l'idée que s'en faisaient nos aïeux. La Providence a changé de costume, non d'attributions.

Cette adoration du pouvoir central est d'autant plus enracinée dans nos esprits que l'histoire nationale, telle qu'on l'a écrite et enseignée jusqu'ici, n'est guère que le panégyrique de l'administration. On a bien reproché aux rois leurs faiblesses, leurs vices, leurs mauvaises actions, mais non leurs mauvaises mesures. On s'amuse quelquefois à les injurier ; on ne les juge guère. On fait la satire des hommes, non la critique du système. D'ailleurs la satire est presque aussi aveugle que l'éloge. Ce n'est pas rétablir la vérité que de brûler des idoles, et que de précipiter de l'Olympe dans l'enfer les objets de notre culte d'autrefois. Si les Français avaient été si longtemps opprimés par des monstres, on ne s'expliquerait pas qu'ils se soient si aisément laissé remettre sous le joug. Je ne sais ce qu'on apprendra à nos enfants ; pour nous, on nous apprenait à nous réjouir des conquêtes de la royauté, à prendre les progrès de l'autorité royale pour des progrès nationaux, comme si la France avait été plus grande sous Louis XV que sous saint Louis, comme si la domination des intendants n'était pas aussi lourde que celle des seigneurs. Mais cette confusion que les historiens faisaient entre le souverain et le pays, entre l'ordre administratif et la vie nationale, l'opinion l'a faite pendant des siècles. Chez nous le Tiers-Etat a pris fait et cause contre la noblesse, et s'est jeté dans les bras de la royauté, qui n'a su que se servir de lui sans lui accorder ni la moindre liberté, ni même l'égalité devant l'impôt et devant les fonctions publiques. Le peuple français a joué le rôle du cheval qui veut se venger du cerf, et il en a toujours été fier. Le maître a fait un double pacte, d'abord avec le peuple pour abattre les nobles, puis avec les nobles pour manger le peuple. Celui-ci a bien fini par se révolter, mais il n'a pas cessé d'admirer ceux qui l'avaient dompté. La Révolution a interrompu la tradition du dévouement et de la fidélité des sujets, non la tradition des pouvoirs forts et du gouvernement à outrance.

Mirabeau avait une vue de génie quand il écrivait dans une de ses notes secrètes : « Comparez le nouvel » état des classes avec l'ancien régime : c'est là que » naissent les consolations et les espérances. Une » partie des actes de l'Assemblée nationale, et c'est » la plus considérable, est évidemment favorable au » pouvoir monarchique. N'est-ce donc rien que d'être » sans parlements, sans pays d'Etats, sans corps de » clergé, de privilégiés, de noblesse ? L'idée de ne » former qu'une seule classe de citoyens aurait plu à » Richelieu ; cette surface égale facilite l'exercice du » pouvoir. Plusieurs règnes d'un gouvernement absolu n'auraient pas fait autant que cette seule » année de révolution pour l'autorité royale. »

Otez seulement ces deux adjectifs « monarchique et royale », le reste est plus vrai que ne le pensaient les contemporains et les compagnons d'armes de Mirabeau.

Il semblait que la tempête eût tout emporté :

Napoléon rétablit tranquillement l'ancien régime, moins les privilèges féodaux. Il nous laissa l'égalité, sauf quelques légères dérogations au principe. Pour tout le reste il retourna de vingt ans en arrière. Il eut son Concordat, et un catéchisme officiel, sa justice administrative, ses intendants sous le nom de préfets, ses Bastilles même et ses lettres de cachet. Il nous faisait rentrer dans notre tradition. La tyrannie impériale ne choquait presque personne ; le peuple ne se plaignait que de la conscription et des droits réunis ; les riches se contentaient de respirer : après les émotions de la Terreur et les agitations du Directoire, ils ne demandaient qu'à jouir de la vie. On regrettait d'autant moins la liberté, sur laquelle on avait tant déclamé, qu'on ne l'avait pas connue. Ceux des Jacobins qui n'étaient ni déportés, ni sénateurs, ni préfets, gémissaient dans l'ombre ou conspiraient dans le vide ; ils n'avaient point de parti ; à peine avaient-ils une doctrine. Les souvenirs de 89 ne subsistaient que dans quelques âmes d'élite. Les Chambres étaient unanimes, la presse était esclave, l'opinion muette. L'Empereur régnait comme un Louis XIV que n'eût gêné aucun privilège, aucune corporation, comme un Louis XVI qui n'aurait eu à ménager ni parlement, ni gens de lettres, qui aurait eu affaire à un peuple désillusionné. Mirabeau avait été prophète.

Napoléon gouvernait avec plus d'autorité qu'un roi et surtout avec plus d'uniformité. Là où les rois se contentaient de l'obéissance, il imposait la discipline. La Révolution avait introduit l'unité dans les lois, dans les finances, dans les poids et mesures ; il voulut l'introduire dans le monde des intelligences par l'enseignement religieux et civil. Par le catéchisme impérial et la création de l'Université, il instituait le dressage des esprits. C'est lui qui mit en pratique l'idée jacobine d'une éducation nationale réglée par un programme unique ; cette idée s'est si bien implantée dans ce pays que personne ne la conteste, et que la liberté des méthodes n'a même pas de défenseurs parmi les libéraux. C'est encore une maxime reçue qu'il faut modeler toute la jeunesse sur un même type. Ceux de nos concitoyens qui prétendent lutter pour la liberté d'enseignement sont les partisans résolus du catéchisme obligatoire.

Sous la Restauration, il y eut bien une opposition qui contestait l'omnipotence du gouvernement. Mais c'était une question de parti bien plus qu'une question de doctrines. On chicanait les Bourbons sur leur autorité parce qu'on haïssait les Bourbons, non parce qu'on se défiait de l'autorité. Que trouvait-on, en effet, dans l'opposition ? Des bonapartistes qui avaient servi la tyrannie sans scrupule ; des voltairiens qui n'en voulaient qu'aux Jésuites ; des républicains qui ne distinguaient pas la Constituante de la Convention ; des doctrinaires qui admiraient le Consulat, qui voulaient emprunter à l'Angleterre ses institutions politiques, non ses libertés locales, qui aspiraient à faire passer la souveraineté dans les mains de la classe moyenne, non à restreindre l'action de la souveraineté. Les préfets de Louis XVIII ne différaient guère de ceux de Napoléon, et, plus tard, les préfets de Louis-Philippe ressemblèrent à leurs devanciers autant que le permettaient les circonstances.

Sans doute la liberté fit quelques progrès sous la monarchie parlementaire, mais ces progrès tenaient moins aux changements de l'opinion qu'à la faiblesse croissante du pouvoir. Le libéralisme était presque toujours une méthode d'opposition plutôt qu'une foi politique. On réclamait la liberté absolue, mais on excusait l'Inquisition, mais on rêvait la République de Platon ou de Saint-Just, mais on se pâmait d'admiration devant la fermeté du grand Empereur. On ne disait guère au gouvernement du Roi : « Vous n'êtes pas juste ! » mais on lui criait surtout : « Vous n'êtes pas fort ! » Tous ces mécontents qui tonnaient contre la tyrannie du monarque bourgeois ajoutaient tout haut ou tout bas : « Si nous avions seulement un tyran de notre choix ! »

La grande querelle du siècle ne roulait pas sur une question de liberté, mais sur une question de légitimité. Ce n'est pas : « Quels sont les droits du pouvoir ? » mais : « Qui a droit au pouvoir ? » Or chaque parti, pour soutenir ses prétentions, glorifiait le passé de ses prétendants. Chacun était l'esclave de son héritage, et la tradition asservissait la pensée. Ni les royalistes ne voulaient condamner l'ancien régime, ni les bonapartistes le système impérial, ni les démocrates la terreur. Peut-on demander la liberté autrement que comme un pis-aller, quand on va chercher ses titres dans une époque de servitude ? L'opposition du temps de Louis-Philippe ne se donne pas la peine de dissimuler ses arrière-pensées : « Donnez-nous la liberté, s'écrie-t-elle, puisque vous avez usurpé le trône, — Donnez-nous la liberté, puisque vous nous refusez la gloire, — Donnez-nous la liberté, puisque vous prenez la place du peuple, qui est le vrai souverain. » Dans chacune de ces réclamations il y a une réserve. En 1832, Victor Hugo terminait ainsi son plaidoyer au sujet du *Roi s'amuse* : « Il n'y a dans ce siècle qu'un grand homme, Napoléon, et une grande chose, la liberté : nous n'avons plus le grand homme : tâchons d'avoir la grande chose. » Ainsi on se fût consolé de n'être pas libre si l'on avait eu la gloire.

L'Union libérale qui se ligua contre le second Empire, mit un peu plus de fermeté apparente dans ses revendications. Nous savons maintenant ce que les doctrines cachaient d'ambitions et d'appétits. La Fortune s'est amusée à déchirer les voiles. Les plus fougueux ennemis du pouvoir ont mal supporté l'épreuve du pouvoir : combien ont craint de se démentir à l'heure du succès?

Aussi a-t-on plaidé depuis soixante ans les droits du député, les droits de l'électeur, les droits de l'écrivain, tout ce qu'il faut aux partis pour se disputer le gouvernement ; mais on n'a guère plaidé les droits de l'homme. Nous n'avons jamais eu ni l'*habeas corpus*, ni la liberté d'association, oubliée même sur le papier en 89 et en 93, ni la liberté de tester, écartée par la raison d'Etat, et flétrie par une horreur superstitieuse, ni la liberté d'enseignement, dont la loi de 1850 n'est que la caricature, ni la liberté religieuse, également proscrite par la foi et l'incrédulité, ni la liberté de gérer nos affaires municipales, cantonales, départementales. Aujourd'hui comme autrefois, nous vivons sous le régime du bon plaisir administratif ; tout est matière à règlement, à défense, à autorisation. Aujourd'hui, comme autrefois, le pouvoir est chargé d'une infinité d'attributions, distribue une infinité de faveurs, inflige à qui lui déplaît une infinité de vexations. Enfin le gouvernement dispose toujours de la justice, même quand, par hasard, les juges font de l'opposition ; car les fonctionnaires sont irresponsables, et le ministère public venge ou laisse dormir les lois au gré des ministres. On a imaginé sous le nom de séparation des pouvoirs un prétendu principe qui consiste à refuser aux citoyens toute garantie contre l'oppression. La tradition subsiste à travers les variations de la mode, et il suffit de traduire en style moderne les maximes de Richelieu.

CHAPITRE III

LA TRADITION RÉVOLUTIONNAIRE

La tradition révolutionnaire n'abolit pas la tradition royaliste, elle en est plutôt le complément, car la Convention a donné le plus bel exemple connu d'absolutisme. C'est peut-être de tous les gouvernements, celui qui a exigé avec le plus de rigueur non-seulement la soumission des sujets, mais leur affection, leur zèle et leur dévouement. Ceux qui firent marcher la France à l'heure du péril suprême n'eurent pas conscience de ce qu'il y avait d'exceptionnel et de momentané dans cet effort prodigieux ; ils mirent leur frénésie en système, et dogmatisèrent sur la fièvre chaude. Toutes leurs œuvres comme tous leurs discours se sentent de cette toute-puissance et de cette illusion ; ils travaillaient sur le genre humain comme des législateurs mythologiques sur des cités fabuleuses, plus avides d'imiter Lycurgue, Minos et Numa que Washington.

Les hommes de 89, qui manquaient de prévoyance et d'esprit pratique, mais non de libéralisme, furent comme étranglés entre l'ancien régime et la Terreur, et nos pères n'eurent pas le temps de prendre goût à la liberté, si vite emportée par les orages qui accompagnaient sa naissance. Le Directoire eut la main plus légère, mais l'anarchie ne fait pas école, et d'ailleurs ce gouvernement de bascule fut tout aussi violent que le permettait sa faiblesse.

Ainsi la Révolution a changé l'objet, bien plus que la nature de nos préjugés, de nos affections, de nos passions. Nous sommes restés amoureux des pouvoirs forts, et plein de confiance dans la Providence régnante. Nous continuons à croire que le progrès est surtout l'œuvre de l'autorité, que le bien se fait à coups de décrets, lois, règlements et circulaires. Nous avons gardé le culte de l'unité, de l'uniformité, de la centralisation. Toute dissemblance nous choque, et tout dissentiment nous effraie. Notre Dieu, c'est le souverain, Roi, Empereur ou Peuple, et dans le culte que nous lui rendons, il entre toujours de la piété, de la superstition et du fanatisme.

Si nous parlons de la tradition révolutionnaire, ce n'est pas que la Révolution ait laissé derrière elle, quand elle succomba sous la trahison de Brumaire, un parti organisé, dépositaire d'une doctrine systématique. Les acteurs du grand drame disparurent ou se convertirent, les uns cachant leur carmagnole sous un habit de cour, les autres blottis dans l'ombre et le silence. Quand les Bourbons revinrent, ils eurent à lutter contre les souvenirs de l'Empire, non contre les souvenirs de la Révolution. Béranger, qui devait être l'écho de l'opinion, puisque sa popularité fut infiniment au-dessus de son talent, ne chantait guère les merveilles de la République, ni les bataillons de volontaires, ni l'ivresse fraternelle des fédérations, ni la majesté sénatoriale des Constituants et des Conventionnels, ni la gloire sans tache des Hoche et des Marceau. Le chansonnier national était assez habile et assez hardi pour célébrer la mémoire des Girondins et des Jacobins, si le peuple d'alors s'était soucié de ces vieux partis. Mais tout cela était oublié comme un rêve, ou l'on ne s'en souvenait que comme d'un rêve effrayant. La légende de la redingote grise était seule en possession des âmes simples. En 1815, la Royauté était populaire dans certaines régions, la République nulle part. Ce nom ne rappelait que l'idée de la fièvre, de la disette et de la guillotine. S'il restait çà et là quelques révolutionnaires qui eussent survécu sans se rallier à l'empire, ils inspiraient une sorte de répulsion mêlée de peur et de pitié. On voyait en eux, ou des criminels longuement châtiés, ou les victimes d'une sombre fatalité, instruments inconscients de la colère divine, débris épars d'une armée terrible, mais vaincue sans retour. Ils vivaient au milieu des générations nouvelles comme devaient vivre les derniers compagnons d'Etienne Marcel sous Charles V, les derniers Cabochiens sous Charles VII, les derniers frondeurs sous Louis XIV, s'il en était qui n'eussent point fléchi les genoux. Peut-être quelques-uns faisaient-ils appel à la postérité, mais tout bas. S'ils avaient essayé de plaider hautement leur cause, on n'aurait même pas entendu leur langage. J'imagine qu'en 1810 et en 1820, les Jacobins se sentaient aussi incompris, aussi isolés que les Jansénistes le sont aujourd'hui. L'heure de la revanche ne pouvait sonner pour eux, que quand l'histoire aurait exhumés leurs cadavres. La nation tenait fortement à l'égalité sociale, qu'elle devait à la Révolution ; mais elle chérissait le bienfait sans penser aux bienfaiteurs. Quant à l'égalité politique, on s'en préoccupait médiocrement avant 1830. Le suffrage universel avait laissé peu de regrets ; ses décrets avaient été presque toujours subornés ou violés ; on l'avait trouvé si complaisant devant la force, et si mobile au vent de la fortune !

La tradition interrompue fut renouée par les gens de lettres, historiens, poëtes, romanciers. On raconta la Révolution plus qu'on ne l'étudia, pour émouvoir les cœurs plus que pour éclairer les intelligences. Ces grands souvenirs furent évoqués dans ce qu'ils avaient de dramatique, et non dans ce qu'ils avaient d'instructif. On se passionna pour les acteurs, sans examiner leurs opinions, sans se demander s'il y avait eu dans leur foi assez de raison, s'ils avaient habilement soutenu la cause pour laquelle ils combattaient. On admira les Jacobins et les Girondins comme des athlètes, comme des gladiateurs héroïques qui ont porté au comble l'art de bien mourir. L'effort prodigieux par lequel l'invasion fut repoussée fit presque disparaître le fond du débat, et l'on prit une convulsion pour un gouvernement. Comme la plupart des chefs révolutionnaires payèrent de leur vie leurs crimes, leurs faiblesses et leurs grandeurs, on se mit à les vénérer comme des martyrs, et à commenter leurs déclarations comme un évangile.

Depuis cinquante ans nous vivons sous l'obsession

de cette histoire transformée en légende et en épopée, mal étudiée et mal comprise, surtout par ceux qui l'étudient avec un zèle de sectaires et une dévotion de théologiens, et qui s'y brouillent la cervelle par contagion. Tantôt on prend pour des législateurs modèles des hommes qui n'ont rien su faire durer; tantôt on s'imagine qu'il suffit de leur emprunter quelques phrases pour dérober le secret de leur énergie surhumaine. On copie jusqu'à leurs attitudes et leurs gestes, et l'on oublie combien les conventionnels furent différents d'eux-mêmes, avant, pendant et après la crise. S'ils ont encore le spectacle des choses de ce monde, comme ils doivent rire de tout imitateur qui s'affuble de leur tragique défroque, eux qui surent si bien la prendre et la quitter!

En même temps que les écrivains créaient, paraient, propageaient la légende de la Révolution, les événements se chargeaient de la mettre à la mode, de la compléter et de la rajeunir. 1830 ramena le peuple en scène. Les républicains de 1848 et de 1870, cédant au désir de se faire un passé, dédaignant les avantages de la nouveauté et de l'innocence, se rattachèrent de leur mieux aux ancêtres que leur offrait l'histoire. Aujourd'hui l'œuvre est achevée : par les livres, par les discours, par les journaux, la religion révolutionnaire s'est emparée de la pensée publique, la Convention est devenue un Concile; ses grands hommes sont des Pères et des Prophètes, des exemples qu'on propose à la jeunesse, des autorités qu'on cite avec une confiance entière et d'un ton décisif.

Nous verrons plus loin quels corps de doctrines la démagogie doit élever sur ces fondements théologiques. Ce qui nous intéresse en ce moment, c'est le résidu de passions et de préjugés qu'ont laissé dans les âmes françaises nos révolutions successives, telles que les gens de lettres les ont transformées et imposées à notre imagination. Cette éducation nouvelle, s'ajoutant à l'éducation monarchique sans en effacer les traces, a modifié l'intelligence nationale. Elle nous a habitués à une certaine façon de comprendre la souveraineté du peuple et le rôle du gouvernement ; elle nous a inculqué une idée générale de la politique ; elle nous a donné une méthode. Les doctrines ne sont que le résultat. La solution des problèmes dépend des dispositions où nous sommes en les abordant, et qui marquent le point de départ et le but ; le raisonnement n'est que le chemin qui mène de l'une à l'autre. En politique, la philosophie est encore une servante.

On ne conteste plus guère la souveraineté du peuple. Mais on ne se borne pas à affirmer que le pouvoir suprême est celui de la nation, et que la loi est l'expression de la volonté du plus grand nombre. Le peuple, comme les rois et les papes, a des courtisans qui lui persuadent que la souveraineté n'est rien si l'on n'y joint l'infaillibilité. Parce qu'on ne peut appeler de ses décisions qu'à lui-même, ils en concluent que ses décisions sont nécessairement justes et sages, et qu'il fixe non seulement le droit légal, mais l'équité et la vérité. On ajoute que, ne pouvant vouloir que son propre bien, c'est-à-dire le bien de tous, il ne manque le but que quand les institutions ou les événements lui opposent des obstacles insurmontables. On confond sans cesse la nation, qui est la totalité des citoyens, avec la majorité, qui n'en est qu'une portion et qui est chose changeante. Il est vrai que le peuple ne peut vouloir se faire tort à lui-même ; mais il peut s'égarer ; mais la majorité peut vouloir faire tort à la minorité. C'est ce que Rousseau n'a pas daigné voir, et c'est par suite de cet oubli qu'il a édifié tout son *Contrat social* sur une équivoque et un sophisme.

L'histoire de nos révolutions ne nous donne pas souvent le spectacle du libre et entier exercice de cette souveraineté du peuple. Dans la pratique, c'est presque toujours une fraction du peuple qui a exercé ou qui a usurpé les droits du peuple. En 1792, les Parisiens renversent la royauté; en 1793, ils mutilent la Convention. En 1830, ils défendent la Charte, mais ils l'abrogent pour la mieux venger ; ils se font justiciers au nom de la France, et chassent la branche aînée. En 1848, ils proclament la République de leur propre autorité ; en 1870, ils remplacent l'Empire croulant par le gouvernement de leurs seuls élus. Les révolutionnaires n'élèvent pas le moindre doute sur la légitimité de la délégation que s'est plus d'une fois attribuée la population de la capitale, non-seulement en face des monarques en qui la démocratie pouvait ne voir que des usurpateurs, mais aussi contre les représentants de la nation tout entière. D'une part on suppose que le peuple n'est pas libre de vouloir autre chose que la République ;

de l'autre on fonde le droit des Parisiens sur ce fait qu'ils sont plus avancés que le reste de la population.

Le prestige qui s'attache à ce mot : avancé, ne tient pas seulement à ce qu'il y a de flatteur dans une métaphore qui fait de certains citoyens l'avant-garde de la nation. Il se cache là dessous toute une doctrine politique. Pendant de longs siècles, la plupart des gouvernements, la plupart des hommes d'État, ont vu dans la stabilité des lois et des mœurs le principal objet de leurs efforts. Tant qu'on a placé l'âge d'or en arrière, les législateurs ont été surtout des conservateurs. Jusqu'au XVIIIe siècle, on n'a voulu innover que pour rétablir; on a célébré les vieilles mœurs et les vieilles coutumes; on a essayé de placer l'État dans une situation d'où il ne dût jamais sortir; on a bien plus lutté contre la décadence qu'en faveur du progrès. Les Minos et les Lycurgue sont des conservateurs fabuleux ; les Platon et les Fénelon sont les utopistes de la conservation ; les plus ardents révolutionnaires d'autrefois ne se piquaient que de retourner en arrière. Depuis environ cent ans la boussole du genre humain a changé de direction. Les philosophes ébranlèrent le respect de l'antiquité; les Français sortirent de l'ancien régime comme les Hébreux de la terre d'Égypte. Le culte du passé fit place presque soudainement à la haine et au mépris du passé. La succession rapide des découvertes scientifiques et de leurs applications industrielles assura l'empire des esprits à l'idée du progrès; l'affaiblissement des croyances religieuses habitua les générations nouvelles à dédaigner leurs devancières. Les révolutions intellectuelles sont aussi difficiles à contenir que les autres. A peine le mirage de l'âge d'or avait-il disparu dans le passé qu'il reparut dans l'avenir, et l'humanité, qui avait si longtemps souhaité de se fixer ou de remonter une pente, ne songea plus qu'à courir vers les merveilles qu'on lui montrait à l'horizon. Nos pères étaient volontiers jaloux de leurs aïeux ; nous ne sommes jaloux que de nos petits-fils, et nous ne nous plaignons que d'être venus trop tôt dans un monde trop jeune.

Ainsi l'objet de la politique a changé ; l'idée de mouvement a pris la place des idées de conservation et de restauration. La foule des mortels se prend aujourd'hui pour une armée en marche ; elle considère comme son avant-garde les hommes qui s'éloignent le plus du passé et du présent ; elle les suppose plus éclairés qu'elle-même en même temps que plus généreux, et elle leur permet de lui faire violence, parce qu'elle leur reconnaît le privilège de mieux deviner l'avenir et d'y tendre avec plus de zèle. Les novateurs les plus hardis sont à la fois poussés par la conviction de leur clairvoyance, et soutenus par le respect qu'on leur porte, et ceux mêmes qui défendent le présent contre eux les accusent plutôt d'imprudence que d'erreur. Nos modérés semblent n'être que des paresseux et des poltrons. Tout ce qui enflamme l'imagination, tout ce qui flatte la vanité, tout ce qui séduit la multitude, est du côté des partis avancés. Aussi ont-ils réduit leurs adversaires à une défensive timide, mal concertée, mal assurée de ses droits et de la solidité des positions qu'elle occupe. Rien de plus humble que l'attitude de ces conservateurs qui, au lieu de crier à la prétendue avant-garde : « Vous allez à un précipice », leur disent d'un ton suppliant : « Vous allez trop vite ». Il est aisé de répondre qu'on ne va jamais trop vite au bien, et que l'humanité n'est pas obligée de régler son pas sur les asthmatiques et les boiteux. Dans je ne sais quelle ville de la grande Grèce, tout citoyen qui présentait une loi nouvelle comparaissait devant l'assemblée du peuple avec la corde au cou ; ce sont maintenant les défenseurs des lois anciennes, ou plutôt des lois existantes, qui ont à se faire pardonner leur audace. Quand ils y réussissent, c'est d'ordinaire en faisant tant de concessions, qu'on ne voit plus bien en quoi ils diffèrent des novateurs.

De là le préjugé révolutionnaire qui met la population parisienne au-dessus du reste de la nation. De 1789 à 1793, depuis la prise de la Bastille jusqu'au coup d'État contre les Girondins, ce furent les Parisiens qui décidèrent du sort du pays. Il en fut de même en 1830 et en 1848. En 1870, le renversement de l'Empire était chose facile, et la République eût été proclamée partout aussi bien que sur les marches du Palais-Bourbon ; cependant les habitants de la capitale n'hésitèrent pas à former le gouvernement provisoire de leurs seuls députés. La tradition remonte plus loin : Étienne Marcel, les Cabochiens, les Frondeurs mirent aussi la main sur le pouvoir ; mais depuis un siècle la province est devenue plus docile.

En cela le nouveau régime ne fait que continuer l'ancien; seulement la Ville a remplacé la Cour. Les chemins de fer, le télégraphe et les journaux ont rendu plus irrésistible le mouvement qui portait à la tête les esprits vitaux. Mais il ne faut pas s'y tromper : ce n'est pas l'élite intellectuelle qui jouit du privilège de penser pour la France ; ce ne sont pas les artistes, les savants, les professeurs, les écrivains : c'est le gros de la population. Nulle part les hommes supérieurs ne sont aussi perdus dans la foule, aussi dépourvus d'influence. Tel illettré qui sur les bords de la Creuse ou de l'Escaut n'oserait avoir une opinion politique, se sent investi sur les bords de la Seine du mandat de juger les gouvernements, et au besoin de les exécuter. Les hommes réunis sentent leur force et exagèrent leurs droits ; une grande multitude ne peut comprendre qu'elle n'est pas le peuple. Chez nous le Parisien n'est pas seulement exalté par le spectacle de la multitude dont il fait partie ; il est enflé par les flatteries des historiens, des poètes, des orateurs, des journalistes : l'air qu'il respire est chargé d'encens. Il se résignera peut-être à ne pas faire de révolution, si on lui persuade qu'il n'en a pas besoin pour se faire obéir ; mais il rugirait de colère si on lui donnait à entendre qu'il n'est pas à l'avant-garde du genre humain.

Cet amour du mouvement, ce culte du progrès est un des legs de la Révolution ; il n'en est point que nous ayons plus complètement accepté. Il est malaisé de s'approprier ce que la Constituante et la Convention offrent de vraiment grand : l'enthousiasme, le mépris de la mort, l'ivresse du patriotisme, la foi poussée jusqu'au degré où elle transporte les montagnes. La Convention notamment crut aux miracles de la volonté, et eut raison d'y croire. Mais tout cela ne s'imite pas, ne s'enseigne pas, ne se transmet pas. Ce qui s'est transmis jusqu'à nous, c'est une certaine façon de concevoir la politique et la législation.

Dans la plupart des pays libres, le Parlement est chargé de garder le dépôt des libertés publiques, de veiller à ce que le gouvernement suive une direction générale conforme aux sentiments du pays, d'entretenir et d'améliorer peu à peu le corps des lois. Son œuvre ne se mesure pas à l'aune, ni son mérite à la somme des changements qu'il accomplit. En France, les États-Généraux, qui s'assemblaient rarement et irrégulièrement, apportaient chaque fois de volumineux cahiers de doléances. Leur réunion était une occasion qu'il fallait saisir, car on l'aurait longtemps attendue, et l'on n'était pas sûr de la retrouver. En 1789, les griefs du peuple, amassés pendant deux siècles de despotisme et de silence, s'ajoutaient aux vœux des philosophes pour inspirer au législateur une activité fiévreuse : on se plaignait de tout, et on espérait tout. Une expérience longue et cruelle, une raison hardie jusqu'à la témérité, s'unissaient pour mettre à nu tous les vices, tous les défauts, toutes les bizarreries, toutes les irrégularités de l'état social. Chargée d'une tâche qui dans les temps plus tranquilles suffirait à plusieurs générations, la Constituante fit des lois à la douzaine. Tout la poussait à se hâter ; elle démolissait et construisait des institutions avec la promptitude d'une armée qui chaque jour enlève une position et s'y fortifie, avec la légèreté d'une assemblée de théoriciens qui prend l'homme pour une abstraction et la société pour une cire à modeler. La Convention donna plus violemment dans le même travers ; elle avait supprimé la discussion dans son sein, votait en silence et au pas de course. Elle guerroyait avec plus de fougue, et elle était encore plus convaincue de la souplesse de l'espèce humaine, encore plus entichée de la prétention de changer la face du monde.

Cette étourderie solennelle, cette rapidité vertigineuse étonnent la postérité sans l'avertir ; ces échecs et les réactions qui en furent la suite inévitable nous affligent ou nous indignent, mais ne nous instruisent pas. La tradition révolutionnaire, toute faite d'admiration superstitieuse, ne nous a appris qu'à glorifier et qu'à envier le zèle de ces brasseurs de lois. Nous avons perdu la notion du temps, et aussi la notion du rôle essentiel que doit jouer la représentation nationale. Tandis que chez nos voisins on demande surtout à une Chambre si le pays a été prospère sous son règne, en France on juge une Chambre sur le nombre et la grandeur des réformes qu'elle a décrétées. Nous ne sortons plus de l'ancien régime ; nous ne sommes plus en révolution ; nous ne sommes plus en guerre avec des maîtres à peine déchus de leur domination. Mais l'habitude reste, et d'ailleurs nous n'avons guère que des gouvernements jeunes, c'est-à-dire entreprenants et présomptueux. Si nos Chambres remplissaient l'attente, je ne dis pas des fous, mais de bien des gens qui se croient sages et modérés, elles rendraient intolérable la situation de leurs héritières, et nos enfants n'auraient d'autre ressource que de faire des sottises ou de démolir notre œuvre. Mais on n'y prend pas garde ; on a toujours les yeux fixés sur ces ancêtres dont on admire naïvement la prodigieuse fécondité. L'opposition dénonce la stérilité parlementaire pour décrier le gouvernement, et les amis du gouvernement font entendre la même plainte pour accuser l'opposition qui entrave le travail législatif. Les électeurs se croient toujours au temps des cahiers ; les candidats encouragent leurs exigences pour conquérir la popularité aux enchères, et les journaux pour désennuyer le lecteur par la variété des discussions. Qu'on le dise ou non, chacun compare l'activité des législateurs actuels, non à celle des Parlements anglais, américain, belge, hollandais, etc., mais à celle de la Constituante et de la Convention, comparaison à la fois injuste et écrasante pour toute Assemblée à qui on l'infligera. On ne tomberait pas dans ce piège si l'on reconnaissait ce qu'il y eut dans ces improvisations d'imprudent, de maladroit, d'éphémère et de contradictoire. Mais ce serait blasphémer.

C'est aussi la Révolution qui nous a persuadés que la politique n'est ni une science ni un art, et qu'elle est à la portée de tout le monde. Le véritable homme d'État doit être à la fois le plus profond des philosophes et le plus habile des praticiens. La psychologie lui a appris comment on conduit les hommes au bonheur et à la vertu ; l'histoire lui a enseigné la succession et la loi des événements. Il sait pourquoi les réformateurs ont échoué, pourquoi les nations échappent à leurs guides, et les mœurs au législateur. Il connaît les limites de l'action de l'État, les conséquences morales et économiques des fausses mesures et des mauvaises lois, les obstacles qui rendent impuissante la bonne volonté des gouvernants. Il prévoit les échecs, devine les réactions et les contrecoups. Il démêle dans le présent tous les germes de l'avenir, cherche un remède aux maux futurs, se fortifie contre l'ennemi de demain.

Mais c'est là un idéal. Existe-t-il un pareil homme d'État ; s'il existait, serait-il écouté ? Quand le pouvoir prend une décision, il est bien rare que ceux même qui l'ont conseillée en saisissent toute la portée. Les grands hommes même obéissent plus à l'instinct qu'au calcul, et l'instinct trompe même les grands hommes. Richelieu et Louis XIV savaient-ils qu'en ôtant à la noblesse toute ombre d'indépendance, sans lui ôter aucun de ses privilèges, ils préparaient l'avènement de la démocratie ; Charles X savait-il qu'il ruinait l'influence du clergé ; M. Guizot qu'il compromettait la bourgeoisie ; Napoléon III que la délivrance de l'Italie ferait la grandeur de la Prusse, et que la Prusse agrandie renverserait l'Empire ? Il semble parfois que les sages et les fous soient égaux devant le caprice de la Fortune et l'ironie des événements. Une résolution grave est le plus souvent un saut dans les ténèbres, une flèche tirée dans la nuit noire. La plupart des lois sont des semences qu'on jette au hasard, sans savoir si la plante qui en sortira sera cèdre ou hysope, remède ou poison. Un jour peut-être les hommes d'État, éclairés par l'histoire devenue une science, et par la physiologie devenue féconde, riront de nos plus fins politiques comme nous rions des médecins du temps de Molière, ces ignorants coiffés du bonnet de docteur, ces assassins qu'on prenait pour les bienfaiteurs de l'humanité.

A mesure qu'on pénètre dans l'étude du passé, et qu'on prend l'habitude de comparer les effets aux causes, les résultats aux intentions, on est plus effrayé de l'immense responsabilité qui pèse sur les pasteurs des peuples, car on voit que l'erreur est encore plus dangereuse pour eux que la tentation, et qu'ils font plus de mal par leurs bévues que par leurs passions. Ce n'est plus la jalouse Némésis qui frappe les puissants ; ce n'est plus l'aveugle Fortune qui se joue des choses humaines; ce n'est plus la Providence qui se plaît à nous étonner par des coups soudains pour soutenir l'éloquence des prédicateurs. C'est la sottise des sages, c'est la maladresse des habiles, c'est notre ignorance des lois de la nature qui rendent compte de ces révolutions, de ces revers inattendus, de ces catastrophes que tout le monde explique, mais que personne n'a prévues. L'économie politique est d'hier ; la science politique n'est pas faite ; n'est-ce pas le comble de l'arrogance et de la présomption que de rendre des oracles sur une matière qui échappe encore à presque toutes nos prises? On a poussé très loin l'art de conquérir le pouvoir, et assez loin l'art de le conserver ; on perfectionne sans cesse, ou plutôt on accommode aux mœurs et aux idées du jour l'art de supplanter ou de devancer des rivaux, la stratégie des partis et la tactique de l'ambition. Ce qui est resté dans l'enfance, c'est la science du gouvernement et de la législation considérée non comme un moyen de parvenir, mais comme un moyen d'améliorer la condition des peuples. Il y a cent bons élèves de Machiavel pour un bon disciple de Montesquieu.

Nos aïeux se tiraient d'affaire à l'aide de la tradition. Leur politique n'était guère rationnelle, mais elle était à peu près fixe. Les détenteurs du pouvoir se transmettaient des maximes et des habitudes qu'ils prenaient pour des principes, et la grande masse des sujets croyait à ces principes. Les catholiques admettaient une grâce d'Etat par laquelle Dieu éclaire les hommes auxquels il confie le soin de conduire leurs semblables ; les sages accordaient beaucoup à l'expérience, et le vulgaire supposait chez les grands une connaissance approfondie des ressorts qui mènent les Etats.

Les philosophes du dix-huitième siècle remirent tout en question, et livrèrent la politique au libre examen, comme les réformateurs du seizième siècle la religion. Mais les réformateurs s'enfermaient dans l'interprétation de la Bible; les philosophes prirent pour point de départ la nature humaine. Or la nature humaine, qui est chose changeante et variable, n'a jamais été moins connue qu'au dix-huitième siècle. Alors on n'étudiait que l'homme, qui est une abstraction, et non les hommes, qui sont la réalité. Ce siècle fut grand par sa foi robuste dans la force de la raison, heureuse et féconde réaction contre la domination de l'autorité. Mais toute réaction dépasse le but, tout affranchi commet des excès. La raison affranchie se crut infaillible, et se jeta dans les systèmes sans s'attarder à l'examen des faits. On dogmatisa sur toutes choses avec beaucoup d'éloquence et de hardiesse, mais avec peu de réflexion, et encore moins d'érudition. Rousseau surtout, ce beau et téméraire génie, refondit par la pensée toutes les institutions humaines sans jeter les yeux au delà du cercle étroit de son éducation classique et de son expérience personnelle. On s'éprit de l'antiquité avec un enthousiasme aveugle, car jamais les Grecs et les Romains ne furent plus à la mode qu'au temps où le grec et le latin étaient le plus ignorés. On fit de la politique une science de déduction ; on construisit des sociétés idéales avec des hommes tous pareils, comme des palais avec des pierres inertes et pareillement taillées ; on employa la méthode des mathématiques là où il fallait suivre celle de l'histoire naturelle.

On avait besoin d'un principe : on le chercha dans la bonté native de l'homme. Le christianisme avait abusé de la corruption originelle ; les philosophes du dix-huitième siècle, persuadés qu'il suffisait, pour trouver la vérité, de prendre le contre-pied de l'enseignement religieux, remplacèrent le dogme de la chute par le dogme de la perfection originelle. Il est à remarquer que cette sorte d'optimisme ne rend point indulgent. Plus on croit à la bonté de l'espèce, plus on s'irrite contre la méchanceté des individus, et l'on prend tout contradicteur pour un méchant. Comme les mathématiques sont inflexibles, et ne souffrent point d'hérésie, ceux qui en ont adopté la méthode sont volontiers impitoyables ; toute objection leur paraît une révolte, et toute résistance une marque de perversité. Aussi les grands révolutionnaires furent-ils à la fois optimistes et cruels. Ils tournaient le dos à Montesquieu et se mettaient à l'école de Rousseau. Celui-ci avait écrit le *Contrat social* avec des axiomes, des théorèmes et des corollaires. Ses disciples entreprirent d'organiser le gouvernement de la France comme sur le papier, avec quelques idées et quelques rancunes, car ceux qui n'étaient pas des sectaires épris d'un idéal chimérique furent des démolisseurs emportés par la haine de l'ancien régime, par la crainte d'un retour offensif des vaincus.

Rien de plus étrange que ces législateurs qui ne tenaient compte du passé que pour le maudire, qui ne voulaient rien emprunter à l'Angleterre, libre depuis si longtemps, qui n'imitaient des Américains que leur déclaration des droits, prenant une façade pour un monument. On rapporte qu'un membre de la Convention, chargé de rédiger un projet de constitution, fit demander à la Bibliothèque nationale le texte des lois de Minos ; mais tandis qu'on cherchait un modèle dans un héros de la Fable, on dédaignait profondément les héros de l'histoire, et de l'histoire contemporaine. On songeait à copier Lycurgue, mais on ignorait Washington, ou on le méconnaissait grossièrement.

Nous aurions peut-être rougi de cette ignorance, si nos flatteurs n'avaient pris soin de nous en faire un titre de gloire. Comme les assemblées révolutionnaires n'avaient rien élevé de durable en France dans l'ordre politique, on jura qu'elles avaient travaillé pour le genre humain. Les hommes de la Constituante et de la Convention parurent d'autant plus grands qu'ils avaient été moins pratiques; leur étourderie devint une inspiration presque divine, et l'amas de leurs bévues un piédestal.

On n'a peut-être pas assez remarqué que Descartes, ce hardi novateur, ce philosophe profond, ce mathématicien de génie, ne donna point une impulsion féconde à la science française. Pendant un siècle, notre pays fut stérile; ce ne fut que quand le cartésianisme fut complètement discrédité, que nos concitoyens se mirent à étudier la nature et à surprendre ses secrets. L'auteur du *Discours de la Méthode* n'avait renversé l'empire de la tradition et des dogmes, que pour établir celui de la raison pure et de la déduction. Pour que nos savants fissent faire à la connaissance des phénomènes et des lois les admirables progrès qui signalèrent la fin du dix-huitième et le commencement du dix-neuvième siècle, il fallut que l'esprit national se déprît de cette méthode commode, orgueilleuse et décevante, qui édifie des systèmes chimériques sur des idées abstraites. Les théories de la Révolution française sont le cartésianisme de la politique. Nos hommes d'Etat ne se sont pas convertis comme nos savants. La manie déductive nous tient encore, envieillie par notre amour propre, exploitée par nos flatteurs, qui en sont eux-mêmes possédés.

C'est chose merveilleuse que l'aisance avec laquelle nos publicistes, nos orateurs, nos législateurs, se passent de toute érudition historique, de toute connaissance solide des législations et des institutions étrangères. La rhétorique et la logique leur tiennent lieu de tout le reste. Pourvu qu'ils sachent émouvoir les passions, et qu'ils raisonnent habilement sur de prétendus principes, on ne leur demande rien de plus. Nous profitons peu de notre propre expérience. Quant à l'expérience d'autrui, nous ne nous donnons pas la peine de la discuter, car nous dédaignons de nous en informer. Dans les débats les plus difficiles, on ne l'invoque qu'en passant, et presque toujours sans fruit. Nous parlons quelquefois de politique scientifique, mais nous oublions quel immense amas de faits il faut rassembler, quelle multitude de comparaisons il faut instituer, avant de jeter les bases d'une science qui est à coup sûr une science d'observation. Comme nous sommes plus disputeurs que chercheurs, comme nous avons plus de goût pour l'éloquence que pour l'étude, quand nous interrogeons nos voisins, c'est plus pour leur demander des armes que des leçons, c'est pour fortifier nos préjugés plus que pour les mettre à l'épreuve. Nous n'en sommes plus à préférer les moines aux raisons, mais nous préférons encore les raisons, c'est-à-dire les arguments, aux faits.

Nous sommes donc tout disposés à croire que la politique est à la portée de tout le monde, puisque nous supposons qu'elle est du ressort du sens commun, et que le sens commun nous paraît chose vulgaire. Sans doute, c'est le propre de la démocratie de soumettre les hommes d'Etat au jugement de la multitude, et la multitude ne serait peut-être pas un trop mauvais juge, si elle était plus modeste, et si elle se piquait seulement d'apprécier le mérite des candidats, au lieu d'apprécier leurs idées. Mais depuis la Révolution, il est admis chez nous que les problèmes les plus ardus n'ont rien qui échappe à la pénétration des ignorants, et que le savoir est la moindre vertu de ceux qui se mêlent de gouverner les hommes.

Les opinions fondées sur l'expérience se modifient, se corrigent par l'expérience ; les croyances fondées sur l'autorité ou sur la raison abstraite échappent à cette transformation. Un peuple de raisonneurs parvient à ne plus même comprendre les leçons de la Fortune, ou à les oublier aussi vite qu'il lui plaît. Quand les choses ne vont pas à notre gré, ce sont les choses qui ont tort, et nous ne perdons pas une partie sans crier à la tricherie. La France a depuis un siècle subi tant de vicissitudes, essayé tant de systèmes, que notre histoire devrait suffire à nous rendre sages. Mais nous n'avons garde de la bien entendre, surtout quand il s'agit des périodes les plus dramatiques. Demandez à un admirateur de la Convention pourquoi la Convention, qui a si bien défendu le territoire, n'a pas fondé une République durable : il tonnera contre les thermidoriens ; il flétrira les bassesses du Directoire ; il déclamera contre le crime de Brumaire. Demandez à un bonapartiste pourquoi les deux empires ont abouti à d'effroyables désastres : il maudira les traîtres, il vouera aux dieux infernaux Bernadotte et Murat, Marmont et Bourmont ; il injuriera Trochu. Interrogez un royaliste sur les Révolutions de 1830 et de 1848 : il n'y voit que des effets sans cause, le succès d'une conspiration ou le triomphe de la perversité humaine. Les uns et les autres affirment pour la plupart que le système était bon, que la catastrophe n'est venue que de ce qu'on l'a trop mollement appliqué. Ils se butent contre la réalité, s'entêtent contre l'évidence. On dirait parfois que la notion de cause est étrangère au cerveau français, tant on s'obstine à méconnaître la part de justice qu'il y a toujours dans les arrêts de la Fortune, et à les motiver puérilement. Je ne sais si c'est grâce au talent de nos historiens ; mais quand on nous montre les plus grandes fautes suivies des plus grands revers, on nous donne envie de les recommencer, et l'entraînement de l'exemple est plus fort que la réflexion. Le tableau des périodes les plus agitées de la Révolution a bien plus enflammé les cœurs qu'éclairé les esprits. Les plus fameux auteurs de ce drame sanglant ne sont pas pour nous des hommes d'Etat qui ont réussi dans certaines entreprises, échoué dans d'autres, et dont il faut examiner la conduite pour expliquer leurs succès et leurs revers ; ce sont des apôtres, des martyrs, des pères de l'Eglise. Leurs paroles font autorité : on ne songe pas à profiter de leurs fautes. On raconte éloquemment leurs naufrages : on ne songe pas à noter l'écueil où ils ont donné. Leurs intentions sont réputées pour des actes, leurs promesses pour des bienfaits, leurs plans pour des édifices, et leurs rêves pour des œuvres. On fait grand honneur à la Convention d'avoir décrété l'instruction universelle, et de l'avoir même organisée sur le papier, quoiqu'elle ait en réalité beaucoup plus détruit que bâti. L'Empire a pris la France grande et victorieuse; il l'a laissée vaincue et diminuée : qu'importe? Les Français n'ont pas su mauvais gré à Napoléon de l'abaissement de leur patrie : leur ressentiment trouvait d'autres objets. Les paysans se souvenaient de Marengo, d'Austerlitz et d'Iéna; ils se souvenaient bien de la carte de France !

Le mépris des faits et des résultats simplifie la politique, la met à la portée des écoliers. S'il ne s'agit que d'un beau drame, la foule est un bon juge. Que faut-il pour gagner la faveur du peuple et s'emparer de la direction des esprits? Des principes clairs qu'on ne se donnera pas la peine de vérifier, pourvu qu'ils aient la vogue ; des raisonnements faciles à suivre ; des attitudes et des phrases. Si le suffrage universel s'intéressait à l'astronomie, on lui démontrerait assez facilement que le soleil tourne autour de la terre. Ou plutôt on se bornerait à affirmer l'évidence, à invoquer le sens commun, et l'on se moquerait de ce sophiste de Galilée, qui osait, au nom d'une science abstruse et aristocratique, démentir le témoignage de tous les yeux.

Ainsi l'ancien régime nous a légué la foi en l'omnipotence du gouvernement, le culte de l'Etat-Providence, la passion de l'unité ; la Révolution a transporté au peuple les attributs de la royauté, elle l'a fait souverain et infaillible. Elle nous a inspiré le goût du changement pour le changement, un respect naïf pour les partis novateurs et les populations avancées, le dédain des faits, de l'expérience et de la science politique. Si vous voulez plaire à vos concitoyens, commencez par vous pénétrer de leurs préjugés et de leurs penchants. Il serait bon de les partager; il suffit à la rigueur de les connaître et de les flatter.

LIVRE II

L'ART DE PLAIRE

LIVRE II

L'ART DE PLAIRE

CHAPITRE PREMIER

LE DÉVOUEMENT

Rien n'est plus rare aujourd'hui que le dévouement véritable ; rien n'est plus utile que l'apparence du dévouement. Si le maître que vous voulez séduire ne croit pas que vous lui soyez dévoué, il ne vous pardonnera rien ; s'il le croit, il vous passera tout. L'affection est le prix de l'affection : grands et petits, rois et peuple, nous aimons qui nous aime. Mais le dévouement est autre chose que l'amitié : c'est un attachement qui ne demande pas à être payé de retour ; c'est le don de soi-même à un homme, à une idée, à une cause, don gratuit et irrévocable. Le dévouement ne suppose pas toujours la tendresse ni l'aveuglement : j'imagine que, sous Charles IX et sous Louis XV, bien des sujets ont été dévoués au roi sans illusion ni sympathie. Pourtant il y a dans une âme dévouée autre chose que le sentiment du devoir. Le devoir se pèse, se discute ; il y a des devoirs qui se balancent; le dévouement est de sa nature absolu et sans borne. Le dévouement est quelque chose de plus que la bravoure : le brave se risque, l'homme dévoué s'oublie. Je ne sais qui a dit qu'il y a toujours dans le dévouement une part de bêtise. La vérité est que le progrès de la civilisation a rendu plus rare ce sentiment si commun chez les peuples primitifs. Du moins on se dévoue un peu plus aux choses, et beaucoup moins aux hommes, depuis que l'intelligence est devenue plus capable d'abstraction, et qu'on s'habitue à calculer. Mais nous n'avons rien inventé de plus poétique ni de plus touchant que le dévouement des soldats japonais à leurs seigneurs, des highlanders d'Ecosse aux chefs de leur clan. Le système féodal repose tout entier sur le principe du dévouement, et les monarchies modernes, sorties de la féodalité, sont fondées sur la même base. Nos rois ont pendant de longs siècles possédé le dévouement de leurs sujets, même quand ils avaient perdu leur estime. Aujourd'hui encore, s'il y a des républicains par raison, les seuls royalistes dignes de ce nom sont ceux qu'enchaîne à la famille des Bourbons un dévouement héréditaire, car ce sentiment n'est jamais si fort que quand il est transmis avec le sang. Pour qu'un homme parvienne à l'inspirer à un grand nombre de ses semblables, sans y avoir droit par sa naissance, il faut qu'il excite une admiration sans limites, et qu'il ait longtemps exercé le commandement. Aussi est-ce le privilège des grands généraux, comme Sylla, César, Cromwell,

Napoléon : un usurpateur doit être un soldat heureux ; le prestige de la victoire et l'habitude de l'obéissance peuvent seuls allumer dans les âmes cette passion monarchique ; une fois qu'elle y a pris racine, elle est presque indestructible. L'exemple des vieux grognards nous montre que le dévouement grandit dans les épreuves, se fortifie par les sacrifices, résiste aux plus justes griefs. Le succès peut lui donner naissance, quand le succès emporte une idée de grandeur, de gloire et d'héroïsme : mais le malheur ne fait que l'enfoncer plus avant dans les cœurs.

Si l'habitude n'émoussait les jouissances les plus vives, les rois ne connaîtraient pas de volupté supérieure ni égale à celle que doit leur procurer la pensée du dévouement dont ils sont l'objet. Les théologiens nous apprennent que Dieu nous a créés pour le servir, c'est-à-dire, comme il n'a nul besoin de nos services, pour que nous lui soyons dévoués ; l'Être infini et tout-puissant désire en quelque sorte obtenir de ses créatures ce complément de son bonheur. Mais la piété envers Dieu est excitée chez les croyants par la contemplation de sa majesté, par la reconnaissance, la crainte et l'espoir ; le dévouement envers les rois est plus spontané, plus gratuit, plus noble ; Dieu leur porterait envie, s'ils sentaient tout le prix de ce don magnifique que des millions d'hommes font de leur corps et de leur âme à ces divinités de chair et de sang. Mais, blasés par l'habitude, ils reçoivent comme le paiement d'une dette tous les hommages qu'on leur rend en face, et ils ne songent même pas aux hommages muets qui chaque jour, dans toute l'étendue de leurs états, s'élèvent vers leur personne comme un invisible parfum.

Si les rois sont blasés, les peuples ne le sont pas, et savourent pleinement l'exquise douceur de cet encens. Ces souverains nouveaux ont pris à beaucoup d'égards la place des anciens souverains, éprouvent les mêmes passions et les mêmes besoins, avec je ne sais quoi de plus jeune, de plus naïf et de plus fort. Un peuple n'aime pas toujours ceux qui le servent bien, ni même ceux qui le servent à son gré, mais il prodigue sa confiance et son affection à ceux qui lui procurent la sensation royale qu'on goûte quand on se flatte d'inspirer le dévouement. Il lui plaît que ses champions embrassent sa cause non seulement parce qu'elle est juste, mais parce qu'elle est sienne, non seulement par raison, mais par une impulsion instinctive et irrésistible.

Persuadez au peuple que vous lui êtes dévoué, non comme un homme habile l'est à son intérêt, ni même comme un honnête homme l'est à son devoir, mais comme un amant à sa maîtresse, comme un fidèle sujet à son roi. Si vous y parvenez, tout le reste vous sera donné par surcroît, car vous aurez atteint la source de la faveur et de la puissance. Mais il n'y a point de route qui conduise infailliblement à ce but suprême. Les foules sont à la fois crédules et défiantes, et comment les convaincre de la sincérité du sentiment que vous étalez ? Il ne suffirait pas de l'éprouver réellement : vous risqueriez sans cesse de déplaire par votre franchise. Ne comptez pas sur la seule flatterie : il y a tant de concurrents, que jamais un adulateur n'est sûr de mettre la dernière enchère, et il arrive un moment où l'on n'ose plus enchérir, de peur de laisser éclater la feinte. Ne comptez pas sur l'effet d'une complaisance servile et toujours empressée : notre maître a des éclairs de raison et des velléités de modestie ; il ne veut pas seulement être caressé; il faut aussi qu'on l'éclaire, qu'on le conduise, qu'on lui impose ; il se dégoûte vite des courtisans qui s'appliquent à ne jamais lui faire sentir leur supériorité, qui manquent d'idées personnelles et d'initiative, qui se donnent pour de purs instruments.

Ce qui vous aidera le mieux à faire apprécier votre dévouement, c'est le désintéressement et le zèle.

Le désintéressement dont je parle n'est pas l'absence d'ambition, mais l'absence de cupidité. Le nombre est infini des hommes politiques qui se sont perdus pour avoir trop aimé l'argent. Certains exemples, il est vrai, semblent prouver qu'on peut servir à la fois la démocratie et le veau d'or. En Amérique, ces deux cultes s'accordent assez bien ; l'opinion publique y est peu sévère pour les gens qui exploitent un mandat électif et qui battent monnaie avec la confiance d'une majorité. C'est qu'aux États-Unis le soin de s'enrichir est regardé comme la première des vertus ; le fameux mot de M. Guizot n'y aurait pas fait scandale. Nous avons plus de préjugés, et nos hommes d'État sont obligés à plus de scrupules. En Amérique l'opulence excite moins d'envie, parce que, dans un pays où les conditions sont aussi peu stables, où il y a tant de fortunes subites dues à une heureuse chance, nul ne peut affirmer qu'il ne sera jamais millionnaire. On est moins envieux des avantages qu'on espère conquérir. Chez nous la foule sera de plus en plus exigeante en fait de désintéressement, parce qu'elle se soucie moins de la liberté que de l'égalité. Tant qu'un peuple ne se préoccupe que de la liberté, il prend volontiers pour chefs des hommes que leur condition met au-dessus non-seulement du besoin, mais du désir. Quand il pense surtout à l'égalité, il se défie des riches et de ceux qui cherchent à le devenir. Si l'on vous croit avide d'argent, comment pourrait-on se fier à vous dans une lutte qui est peut-être au fond une lutte de classes ?

Il ne faut pas non plus que le désintéressement soit absolu : il aurait alors quelque chose d'offensant. Acceptez le salaire de vos labeurs, mais qu'il soit médiocre. La démocratie n'aime pas les services gratuits ; elle les juge d'un mauvais exemple, et ne veut pas être humiliée. Mais ne faites rien pour vous élever au-dessus d'une modeste aisance : on vous soupçonnerait de méditer une désertion.

Il ne suffit pas d'être désintéressé : il faut s'en faire honneur. Vous y parviendrez aux dépens de vos adversaires et de vos émules. Je ne saurais vous donner des conseils bien précis sur un sujet aussi délicat. C'est un personnage difficile à soutenir que celui de censeur, surtout en pareille matière ; mais, quand on le joue bien, il n'en est pas de plus avantageux. Robespierre y excella : le surnom d'incorruptible fut son principal mérite. Comment se fit-il un titre et presque un privilège d'une vertu qui n'était pas rare de son temps et dans son parti ? C'est qu'il avait le génie de l'attitude, et savait admirablement se poser. Il ne craignait pas d'afficher les défauts de la vertu qu'il étalait, une âpreté chagrine, une roideur constante, un complet dédain de ces liens de parti et d'amitié qui contribuent tant à nous rendre indulgents pour les faiblesses d'autrui. Vous ne sauriez trop étudier ce modèle. C'était un esprit étroit et un cœur sans pitié. Evitez l'étroitesse d'esprit ; fuyez avec horreur la cruauté. Mais il n'est pas nécessaire d'avoir l'âme d'un bourreau pour gagner l'amour du peuple par un désintéressement fastueux, et nous pouvons nous instruire même à l'école des gens qui ont usé du pouvoir d'une façon odieuse, comme on apprend la stratégie même à l'école d'un soudard féroce. On admire le Balafré sans approuver la Saint-Barthélemy, et Sylla sans applaudir aux proscriptions.

Il en est du zèle comme du désintéressement ; il ne sert qu'autant qu'on le montre. C'est une vertu de tous les jours, et qui n'éclate jamais si bien que dans les petites choses. Ou plutôt il n'y a rien de petit pour le zèle ; le sentiment ennoblit les détails. Un apôtre zélé ne recule devant aucun labeur, ne dédaigne aucune conversion. Un diplomate zélé ne sacrifie aucun des intérêts qui lui sont confiés, marchande jusqu'aux plus minces concessions ; un domestique zélé n'oublie rien, ne néglige rien. Talleyrand a condamné le zèle, mais il avait ses raisons : il était paresseux, et il craignait de se compromettre. Or le peuple veut des serviteurs durs à la fatigue, et des champions qui se compromettent volontiers, toujours prêts à se couper la retraite, à brûler leurs vaisseaux.

L'homme d'Etat connaît l'importance relative des questions, la hiérarchie des problèmes. Mais il doit l'oublier quand il s'agit de prouver son zèle. Celui qui, pendant la Terreur, proposa de planter des pommes de terre dans le jardin des Tuileries, n'était probablement pas un sot. On fait presque autant de plaisir à un avare en lui faisant épargner un sou qu'en lui faisant gagner mille francs. La destruction d'un abus imperceptible produit parfois autant d'effet que la réforme la plus essentielle. Prenez soin de soulever des questions, de découvrir des griefs. Si l'on ne vous a laissé rien de grand à faire, rien de considérable à imaginer, rabattez-vous sur des minuties, dont vous relèverez la valeur en piquant l'amour-propre de ceux à qui vous voulez plaire. Parlez de tout et à tout propos; enchérissez sur tous vos émules, tantôt par l'énergie de votre langage, tantôt par la nouveauté des arguments. Il faut que dans tous les concerts votre instrument donne sa note, et qu'on le remarque ; il ne s'agit pas de jouer juste, mais d'être entendu. Sachez qu'on vous fait tort, toutes les fois qu'on invente sans vous un nouveau moyen de se rendre populaire ; mais il n'est pas d'invention qui ne se puisse perfectionner ou contrefaire ; il existe un art de profiter des idées d'autrui. Quand vous ne pourrez être Christophe Colomb, soyez Améric Vespuce. Une fois que le peuple aura pris l'habitude de vous voir en toute occasion au premier rang des défenseurs de son intérêt vrai ou supposé, il vous saura gré même de ce que vous n'aurez fait qu'après vos rivaux; il attendra, pour apprécier leurs services, que vous en ayez usurpé le mérite.

Mais, encore une fois, le moyen le plus efficace de faire croire au dévouement, c'est d'en parler. Nous sommes si avides d'inspirer un sentiment si flatteur, que nous en croyons les gens sur parole, jusqu'à preuve contraire. Les souverains ont en général la fatuité de prendre des protestations pour des marques d'attachement. Les foules sont parfois plus méfiantes sans être plus modestes : il n'est pas impossible d'endormir leur méfiance. D'ailleurs je ne vous conseille pas de mentir, mais de vous faire valoir. Servez la cause populaire, et servez-la ostensiblement et bruyamment. Soyez zélé, mais affichez votre zèle. Mêlez à votre ardeur de la colère, de l'indignation, de l'intrépidité, même en face du ridicule. Ne craignez pas la déclamation : elle ne choque que les esprits fins; elle n'est pas toujours, quoi qu'on en dise, l'expression d'un sentiment faux. Elle est contraire au goût, non à la nature : il est naturel que l'émotion exagère, et que la passion déclame. Ce n'est pas en méritant le suffrage des académies et des salons qu'on gagne le cœur des peuples. Les tribuns ne relèvent pas de la critique. Dans toute exaltation religieuse, il entre un grain de folie : le dévouement n'est-il pas une sorte de religion?

CHAPITRE II

LA LOUANGE

La louange n'est pas le seul moyen que nous ayons de flatter nos semblables, mais c'est un des plus efficaces. Je ne sais s'il est nécessaire de donner à un Français des conseils sur l'art de louer, car nous y excellons par instinct. C'est une des supériorités qu'on nous conteste le moins. C'est aussi une tradition classique : les Grecs et les Romains, à qui nous devons tant, nous ont frayé la voie. Les vainqueurs de la course et de la lutte payaient Pindare pour qu'il composât et fît chanter des hymnes en leur honneur. Quand les Athéniens étaient en guerre, la République chargeait tous les ans un orateur de prononcer un éloge funèbre des morts, qui était surtout l'éloge d'Athènes, c'est-à-dire des vivants. Le peuple le plus spirituel d'alors ne connaissait pas de plus vif plaisir que d'écouter, chaque fois que revenait la fête solennelle des Panégyries, une harangue consacrée tout entière à sa glorification ; c'est de là que vient le mot panégyrique. Les Romains de la décadence ne pouvaient manquer d'imiter les Grecs. Les poëtes du siècle d'Auguste se jetèrent à l'envi dans l'adulation ;

Horace, dans ses Odes, va jusqu'à la bassesse, mais c'est une bassesse raffinée, et l'art fait illusion sur la platitude de la pensée. Tous les empereurs ont été enivrés d'encens, les bons comme les mauvais. Le panégyrique de Trajan, par Pline le jeune, est un panégyrique adressé à Trajan; le meilleur des princes recevait en face et sans broncher cette grêle de compliments. La littérature classique est tout infectée de ce venin, et les modernes n'ont eu qu'à imiter.

C'est surtout en France, au XVIIe siècle, que le délire de la louange s'empara des esprits. C'est en vain que Molière se moquait de Vadius et de Trissotin et qu'il prêtait à Alceste une généreuse indignation. L'homme du temps, c'est Philinte. Ecoutons là-dessus un observateur étranger, l'auteur des *Lettres sur les Anglais et les Français*, qui écrivait vers la fin du grand règne :

« Non seulement leurs discours ordinaires ont quel- » que chose de flatteur, qui fait de la peine à un » homme modeste et sensé, à tout homme qui n'est » point fait à ce langage, et qui ignore la manière de » repousser les louanges, ou d'y répondre en les fai- » sant retomber sur ceux qui les donnent; mais » même leurs discours prémédités sont le plus sou- » vent consacrés à la louange, comme à ce qu'il y a » de plus conforme au génie de la nation. C'est en » quoi l'on excelle en France, et c'est en quoi l'on se » fait gloire d'exceller. Il y a un corps d'hommes » choisis entre tous les gens d'esprit, entre les plus » fameux écrivains de la nation, et qui en prend » même le nom comme par excellence, un corps voué

» à la pureté du discours, et à l'éloquence, et qui, par » sa supériorité d'esprit, impose aux autres, et les » règle. Chacun d'eux, lorsqu'il est reçu dans ce corps, » prononce un discours, comme pour montrer de nou- » veau et de vive voix qu'il est digne du choix qu'on » a fait en sa personne; et ce discours, qui servira » de modèle à d'autres, et qui montre sur quoi prin- » cipalement un orateur a bonne grâce de s'exercer, » doit contenir des éloges, des éloges donnés aux » vivants et aux morts. On y loue, comme par arrêt, » des hommes loués déjà, et qui doivent être loués de » nouveau dans toute la suite des temps. On les loue » comme on tire au blanc, on les crible de louanges. » Ceux qui louent recevront à leur tour la louange » qu'ils ont donnée à d'autres, et ces hommes habiles » et placés comme à la tête de la nation française, » l'entretiendront sans doute dans l'habitude qu'elle » s'est faite de louer, et de faire consister dans la » louange l'action la plus noble de l'esprit humain. »

Dans un temps où la politesse se confondait avec la flatterie, un roi longtemps heureux, et qui avait de grandes parties, dut être flatté sans mesure. Louis XIV fut traité comme un dieu par les plus beaux génies de son siècle. Il fallut toutes les hontes du règne de Louis XV pour nous guérir de cette maladie, ou plutôt pour en suspendre les symptômes, qui ne devaient pas tarder à reparaître. Le souverain n'est plus le même : c'est maintenant au peuple que doit s'adresser l'adulation. Aussi le style a-t-il changé, bien plus encore que les procédés. La méthode reste la même, mais on peut innover dans l'application.

Remarquons d'abord que la louange n'est jamais trop forte. Il n'est pas bon qu'elle soit grossière ; elle peut sans inconvénient être excessive. On nous dit rarement autant de bien de nous-mêmes que nous en pensons. S'il arrive par hasard qu'on dépasse notre propre opinion, nous ne sommes pas fâchés qu'on nous fasse faire des découvertes dans le vaste domaine de notre mérite. Aussi les éloges les moins justifiés sont-ils souvent les mieux accueillis : ils sont plus neufs. Persuader à un poltron qu'il a du courage, à un débauché qu'il a de la sagesse, à un sot qu'il a de l'esprit, c'est le comble de l'art. Mais il faut savoir s'y prendre avec délicatesse, et ne point faire de l'encensoir un pavé. On y réussit avec du tact, et en choisissant bien ses preuves. Quel est le poltron qui n'a jamais eu une heure de courage, fût-ce par désespoir, le débauché qui n'a jamais été vertueux, fût-ce par lassitude, le sot qui n'a pas eu de l'esprit une fois en sa vie, fût-ce de l'esprit emprunté ?

Si vous avez affaire à une multitude, la tâche est bien plus facile. Les individus ont quelquefois de la conscience, et même de la modestie. Mais on ne se tient pas pour responsable du mal fait en commun, et l'amour-propre perd toute pudeur quand il devient collectif. Pourquoi repousserais-je des compliments dont je ne prends que ma part, une part que je peux faire aussi petite qu'il me plaira ? Les moines les plus humbles ne soupçonnent pas l'immensité de l'orgueil qui enfle leur cœur quand ils parlent de leur ordre. Ce qu'on se retranche à soi-même, on le donne au corps dont on fait partie, qu'on aime par devoir et qu'on admire par habitude.

Toute louange suppose une comparaison, une distinction, une supériorité. Si vous voulez flatter un peuple, ne lui dites pas qu'il vaut beaucoup, mais qu'il vaut mieux que ses rivaux. Le chauvinisme a été longtemps à la mode en France ; il fleurit encore chez la plupart de nos voisins. Nos désastres ont porté une atteinte, au moins temporaire, à l'opinion que nous avions d'être les plus braves des hommes. Nous n'avons pas changé d'avis sur notre compte, mais sur le compte d'autrui, et nous ne dédaignons plus nos vainqueurs. Aussi n'est-ce pas de la vaillance française qu'il faut nous entretenir pour trouver le chemin de nos cœurs : les vieilles parades du cirque ne sont plus de notre temps. Ne nous parlez pas non plus de certaines vertus que nous tenons pour trop modestes, et dont nous ne nous sommes jamais piqués. Il n'est pas certain que les Allemands soient moins débauchés que nous ; pourtant ils aiment à se vanter de leurs bonnes mœurs. Nous n'avons pas la même prétention : quand on appelle Paris la Babylone moderne, on nous fait sourire, on ne nous fâche point. Laissons aussi de côté la douceur, la patience, la modération. Ce n'est pas que ces vertus nous soient étrangères, mais nous en faisons peu de cas. La douceur est l'apanage du mouton, la patience du bœuf ; la modération a ses heures ; en ce moment elle jouit d'une vogue médiocre. Si vous nous attribuez ces qualités sans éclat, que ce soit pour nous les reprocher, pour nous engager à cesser d'être dupes. En général, nous tenons peu à nous distinguer par un mérite paisible et solide, et nous n'aspirons qu'à ce qui brille.

Aussi est-ce surtout à notre intelligence que doit s'adresser la flatterie. Là dessus notre amour-propre est intraitable et insatiable. Il ne dira jamais « c'est trop ! » jamais « c'est assez ! » Mais il y a bien des sortes de supériorités intellectuelles. Sans doute, nous sommes très fiers de nos poëtes, de nos écrivains, de nos savants, de nos artistes. Mais après tout, c'est là une gloire qui ne se partage pas, dont la foule n'a que le reflet, un reflet un peu vague. J'aime à me dire le concitoyen de Victor Hugo, de Cuvier et de Delacroix. Mais si je n'ai jamais marié deux rimes, si je ne possède aucune notion sur les découvertes de Cuvier, si je ne distingue pas une croûte d'un chef-d'œuvre, vous ne chatouillerez pas très habilement ma vanité en célébrant le génie des grands hommes avec lesquels je n'ai de commun que le nom de Français. Passe encore pour les hommes d'Etat et les héros ; on se met avec moins d'effort à leur place, et l'on s'imagine plus aisément qu'on aurait fait comme eux. Mais pour me plaire, donnez à mon pays des louanges dont je puisse prendre ma part ; faites-moi respirer directement les fumées de l'encens, et non par procuration.

Or il est un mérite que peut posséder au plus haut degré toute une assemblée, tout un public, tout un parti, et presque toute une nation : c'est le mérite de bien penser, de connaître la vérité, de la servir et de la propager. C'est un titre que n'avilit pas la multitude de ceux qui le revendiquent, une noblesse qui se communique sans s'abaisser. Le grand seigneur et le paysan obscur, l'ignorant et le lettré sont égaux devant le Credo religieux, politique ou social. Le pâtre de l'Estremadure et le grand d'Espagne éprouvent la même fierté quand ils se félicitent d'être de vieux chrétiens. Le bouvier de la Basse-Bretagne se sent au niveau du fils des preux par le dévouement à la cause royale.

L'orgueil de la Foi, voilà l'objet essentiel de la flatterie, voilà le sentiment que vous devez nourrir, exalter, caresser. La Foi intéresse le cœur et la tête, c'est tout ensemble une lumière et une vertu. Comme elle sépare et met aux prises les sectes, elle unit étroitement les sectateurs d'un même dogme. Pour le dehors, c'est un fossé, parfois un abîme; pour le dedans c'est un ciment. Toutes les fois que vous vous adresserez à une multitude animée d'une commune croyance, adressez-vous à cette croyance, faites qu'après vous avoir entendu, vos auditeurs soient plus convaincus que jamais de l'avantage que la possession de la vérité leur donne sur le reste des humains. Vous ne craindrez pas ainsi de déplaire aux uns en charmant les autres; vous saisirez, vous tiendrez dans la main le bout d'une chaîne dont tous vos auditeurs sont les anneaux; vous ferez de toute cette foule, au moins pour une heure, un troupeau intelligent et moutonnier, fougueux et docile; vous deviendrez pour elle un maître et un pasteur.

C'est là un des secrets de la démagogie, si je puis qualifier de secret une méthode dont l'excellence saute aux yeux. Toutes les passions et tous les intérêts du monde ne suffiraient pas sans l'orgueil de la Foi. Les Français de la Révolution n'auraient pas supporté un gouvernement si dur, des privations si rudes et des dangers si terribles, s'ils ne s'étaient flattés de promulguer un dogme nouveau. Ils ne défendaient pas seulement l'indépendance nationale contre l'étranger, les libertés conquises contre la royauté, l'égalité contre l'aristocratie; ils se sentaient apôtres et prophètes; leurs adversaires étaient pour eux les esclaves du préjugé, de la superstition, du fanatisme. Leurs victoires étaient le triomphe de la lumière sur les ténèbres; la marche de leurs armées était un rayonnement. Aussi les soldats de la Révolution, qui ne croyaient guère en Dieu, se sont-ils battus comme sous l'impulsion d'un sentiment religieux. Napoléon usa de cette force, mais il l'épuisa. Le culte qu'il sut inspirer pour sa personne et pour la grandeur d'une patrie dont il reculait sans cesse les limites, ne valait pas le culte de l'Idée. Alexandre et César ont fait moins de prodiges que les premiers successeurs de Mahomet; le Coran accomplit dans le monde une révolution moins durable, mais plus étonnante que la poudre à canon.

Il n'est pas nécessaire que le dogme soit vrai, ni qu'il soit noble, ni qu'il soit clair et bien compris: il suffit qu'on y croie, et qu'on soit fier d'y croire. Tous les croisés qui ont versé leur sang pour l'Evangile ne savaient pas très bien ce que c'est que l'Evangile; tous les musulmans n'ont pas lu le Coran. Une superstition vaut une religion, une erreur vaut une vérité, quand il s'agit d'inspirer l'orgueil et le dévouement; chrétiens ou païens, catholiques ou protestants, blancs ou bleus, ne demandez pas qui a raison, mais qui possède la foi la plus vive et la plus neuve.

Y a-t-il maintenant en France une croyance pareille, qui domine les âmes ou qui puisse les dominer, qui fournisse aux ambitieux du pouvoir et de la popularité un inépuisable sujet d'habile flatterie? Il faudrait plaindre les démagogues s'ils n'avaient prise sur le peuple que par les passions basses, l'envie, la convoitise, la rancune, s'ils ne pouvaient en même temps exciter l'orgueil et l'enthousiasme. Grâce à la littérature bien plus qu'à une tradition naturelle et spontanée, la Révolution française apparaît encore à des millions d'esprits comme une révélation dont nous avons été les premiers dépositaires, dont nous sommes toujours les missionnaires privilégiés.

Cette mission nous enflerait moins si nous savions combien est contestable le privilège que nous nous arrogeons. Les peuples comme les hommes seraient plus modestes, s'ils connaissaient mieux la place qu'ils tiennent dans le monde et dans l'histoire. Supposez que nos pères aient eu des notions plus exactes sur les conditions de la liberté et les nécessités du gouvernement, qu'ils aient su tout ce qu'il y avait à emprunter aux Anglais et aux Américains, tout ce que la philosophie du dix-huitième siècle renfermait de vieux, de faux, d'incomplet et de superficiel. Transformez ces prophètes d'une doctrine audacieuse et arrogante en politiques savants et prudents, nourris des enseignements de l'histoire, éclairés par une étude approfondie du cœur humain: croyez-vous qu'ils auraient eu autant de courage, d'élan et de feu? Leur ignorance et leur étourderie furent une partie de leur génie et de leur force. Saint Paul n'aurait pas remué le monde gréco-romain s'il avait possédé la science des religions comparées, et Polyeucte eût laissé la foule se presser dans le temple de Jupiter si on lui avait appris que tous les cultes ont un fonds commun, sont les manifestations diverses d'une même faculté de l'âme humaine. Les idées les plus puissantes sont des idées exclusives, étroites, fausses à beaucoup d'égards. Nos révolutionnaires ont fait des merveilles; n'allez pas conclure de là qu'ils aient vu clairement où ils allaient, ce qu'ils voulaient et ce qu'ils faisaient. Ne concluez pas non plus de leurs naïves erreurs qu'ils aient été pour le Destin ou la Providence des instruments tout à fait aveugles. Il y avait dans leurs esprits l'intuition de quelques grandes vérités, et des illusions profondes, de la lumière et de l'obscurité; l'obscurité autant que la lumière a contribué à leurs succès.

Défiez-vous de l'esprit critique, et gardez-vous de tempérer par de sages réserves votre adhésion à la foi populaire. La foule ne comprend pas les incidentes et les parenthèses; elle n'a ni le goût ni le sentiment des nuances; elle ne veut rien, ne sent rien à moitié. Acceptez la Révolution comme les fidèles acceptent le catéchisme, sans objections, sans restrictions, sans choix. Respectez les erreurs de votre public, ou plutôt embrassez-les, et pénétrez-vous bien des dogmes que vous avez à glorifier, de peur qu'on ne découvre dans votre pensée des scrupules qu'on prendrait pour un alliage de scepticisme, peut-être même pour un commencement de trahison. Nos ennemis essaient de nous prouver que nous avons tort; nos amis doivent nous prouver que nous avons raison. Il n'y a pas de milieu. Le plus ingrat de tous les rôles est celui des médiateurs : c'est eux que le fabuliste désigne et qu'un proverbe flétrit en disant que leur bouche souffle le chaud et le froid.

Voici donc le fondement de notre suprématie : la Révolution française a ouvert une voie nouvelle au genre humain. Ne dites pas que les Anglais ont su les premiers organiser un gouvernement libre, et les Américains un gouvernement démocratique, que nos pères n'ont été que des disciples, des disciples héroïques, il est vrai, obligés de renverser d'un seul coup des obstacles redoutables, mais des disciples qui ont dû commettre plus d'une faute dans le feu de la lutte, et même rester sur plus d'un point en arrière. De pareilles thèses sont bonnes à soutenir en Sorbonne. Quand nous parlons au peuple, nous affirmons que la philosophie du dix-huitième siècle est essentiellement française, et que la Révolution est la fille légitime de la philosophie. Nous rapportons à ce grand événement presque tous les progrès accomplis en Europe depuis un siècle, et nous regardons nos voisins comme des ingrats, quand ils ne nous savent pas gré de tout ce qu'ils possèdent de liberté politique. Si l'on objectait que le régime parlementaire, qui fleurit autour de nous, est d'invention anglaise, nous répondrions que ce régime n'est qu'un compromis instable entre les idées démocratiques que nous avons lancées dans le monde, et les préjugés monarchiques et aristocratiques auxquels l'Angleterre est restée soumise. Les peuples du continent nous suivent, quoique de loin ; ils peuvent n'être pas plus avancés que les Anglais, mais ce ne sont pas les Anglais qui leur servent de modèle et qui leur donnent l'impulsion.

L'histoire de nos réactions et de nos oscillations nous embarrasserait un peu, s'il fallait avouer que plus d'une fois nous avons volontairement marché à reculons sur cette grande route tracée par nos pères. Confesserons-nous qu'à plusieurs reprises l'esprit national s'est obscurci, ou que le caractère national s'est abaissé ? Nous serions en vérité de glorieux apôtres ! Mais il suffit d'expliquer toutes choses en rejetant sur quelques boucs émissaires tous les péchés d'Israël. On n'est pas obligé de soutenir sans cesse que le peuple est infaillible ; il est bon de reconnaître parfois qu'il s'est laissé tromper ou séduire. Si Bonaparte confisqua au dix-huit brumaire presque toutes les conquêtes de la Révolution, c'est que nous cédions en partie à la lassitude, en partie au prestige du génie. Nous avons subi les Bourbons parce que l'Empire avait épuisé tout le sang de nos veines, et nous avait ainsi livrés à l'invasion. Louis-Philippe abusa de la confiance populaire pour escamoter les fruits de la victoire de juillet. Le 2 décembre était un guet-apens nocturne : les plébiscites furent enlevés par la terreur : d'ailleurs les urnes avaient un double-fond. En février 1871, on crut voter pour la paix en votant pour des monarchistes qui n'avaient pas encore levé le masque. L'âme de la France révolutionnaire a parfois sommeillé ; le phare du genre humain a eu ses éclipses ; mais, ce qui prouve bien qu'il est le phare du genre humain, c'est qu'il ne s'est pas éteint sans qu'il fît nuit sur l'Europe, ni rallumé sans réveiller les peuples.

L'explication de nos défaillances variera selon le public auquel vous vous adresserez. Si vous avez affaire à des Parisiens, ne craignez pas de gémir sur la lenteur avec laquelle la province suit le mouvement des idées. Dans les villes, accusez l'ignorance et l'égoïsme des paysans. A la campagne, où les citoyens sentent toute leur faiblesse et tout leur isolement devant la force irrésistible du pouvoir central, on reconnaîtra sans fausse honte qu'aucune résistance n'est possible quand un usurpateur a mis la main sur Paris. Dans certains milieux vous pouvez dénoncer la lâcheté ou la cupidité des bourgeois ; ailleurs vous ne dissimulerez pas que le suffrage universel avait à faire son apprentissage. Si vous professez que la révolution politique n'est que la préface de la révolution sociale, vous démontrerez sans peine que nos pères ont reculé pour s'être flattés trop tôt d'avoir atteint le but ; dans cette illusion, ils se sont endormis sur leurs premiers succès, avant que la bataille fût gagnée pour tout de bon, et ils ont été victimes d'une surprise. L'histoire est complaisante : vous pouvez la plier à tous les besoins de votre argumentation. Ce qui importe, c'est que le peuple qui vous écoute se sente solidaire des gloires de la Révolution, et ne se sente pas responsable des réactions qui font de nos annales, depuis un siècle, une si étrange bigarrure.

Il va sans dire que les partisans de la Révolution française sont les hommes de l'avenir ; et que ses adversaires sont les hommes du passé. Il n'y a point de foi qui ne se flatte de conquérir l'univers et de le transformer. Une institution est suspecte quand elle a le tort d'exister ; elle est jugée quand elle a le tort d'exister depuis longtemps. Il faut que la société future soit radicalement différente de l'ancienne. Si l'on avait dit aux premiers chrétiens que le triomphe officiel de leur religion ne bouleverserait pas le monde, que la croix dominerait les temples et les prétoires sans qu'il y eût « des cieux nouveaux et une terre nouvelle », ils auraient souri de pitié. De même nous n'admettons pas que la victoire définitive de la Révolution française ne soit pas une métamorphose de l'humanité. Cette croyance facilite singulièrement la tâche des novateurs. Elle les dispense de tenir compte de l'expérience ; elle leur permet de confondre d'un mot les objections les plus fortes. Ils écartent avec un geste de dédain tous les arguments empruntés à l'histoire ou à l'exemple des autres nations : « Cela était bon sous l'ancien régime ; cela est bon pour la monarchie ». Il faut s'incliner devant un pareil oracle, sous peine de passer pour un esprit rétrograde. S'il était possible de marcher sur les mains, on y déciderait bien des gens pour cette seule raison que, partout où il y a un roi, les sujets se servent de leurs jambes, et que c'était le moyen de locomotion le plus usité avant la prise de la Bastille.

Il est un mot fort à la mode, dont nous pouvons nous servir autant que du mot progrès, c'est la science. On sait vaguement qu'il y a des conflits entre la religion et la science, et l'on prend chaudement parti pour la dernière. C'est le privilège de la science, quand elle est tout à fait digne de ce nom, qu'elle ne perd jamais de terrain, qu'elle ne laisse échapper aucune de ses conquêtes ; qui ne voudrait participer à ce privilège, et bâtir sur ce roc ? Si le doute pénétrait dans nos âmes, il suffirait pour l'en chasser de nous persuader que nous luttons pour la science et avec elle. Au XVIIIe siècle et pendant la Révolution, on parlait surtout des lumières, qu'on opposait à la superstition et au fanatisme. Les lumières, c'était le mépris des anciennes croyances et des vieux préjugés. Aujourd'hui on prétend s'appuyer sur quelque chose de plus solide, de plus immuable qu'une opinion éclairée ; on veut posséder la certitude scientifique.

Il n'est pas nécessaire d'être soi-même un savant pour s'enrôler sous cette bannière ; cela nuirait plutôt. Les savants connaissent les limites de leur domaine actuel, ils craignent d'anticiper sur les conclusions que l'avenir seul tirera légitimement d'un plus vaste amas d'observations. Ils savent qu'entre les sciences constituées et la politique, il y a encore un fossé qu'on ne saurait combler en un jour, que les ressorts de la vie morale et sociale sont imparfaitement analysés, que la physiologie des peuples n'est pas faite. Ils savent aussi que la liberté humaine apporte dans l'étude des phénomènes politiques et sociaux un élément de trouble et d'incertitude. Leur science même les rend en général modestes ; quand ils s'occupent du gouvernement, c'est en qualité d'hommes cultivés, non en qualité de savants.

Il n'en est pas toujours de même des demi-savants. On les trouve plus tranchants, plus sûrs d'eux-mêmes, plus prompts à revendiquer une autorité contestable, à affirmer ce qu'ils ignorent au nom de ce qu'ils savent. C'est surtout dans leur bouche que sans cesse on rencontre ces locutions impérieuses : « Il est démontré...... Il est reconnu...... La science moderne prouve...... » Mais ce sont les purs ignorants qui embrassent avec le plus d'enthousiasme le parti de la science. Ne pouvant la posséder, ils se font une joie de la servir : leur zèle les console de leur indigence intellectuelle. Incapables de vérifier et de contester ce qu'on leur présente comme certain, ils croient : ils se procurent ainsi tout ensemble les jouissances de la foi et celles de la connaissance. Incapables de découvrir la faiblesse d'un raisonnement et la témérité d'une assertion, ils prennent au gré de leurs docteurs des préjugés pour des principes, des hypothèses pour des faits, des phrases pour des arguments, une déclamation déguisée pour une déduction logique, et des rêveries pour des oracles.

Vous ne vous exagérerez jamais la crédulité avec laquelle les hommes accueillent tout ce qu'on leur débite sous le couvert de la science. Ce mot magique endort toute défiance. Parlez sans crainte de politique scientifique, de morale scientifique, d'organisation scientifique de la société; cet auguste pavillon fera passer les marchandises les plus suspectes, les drogues les plus frelatées. Dites que vos adversaires sont les défenseurs de l'ignorance, les champions de l'obscurantisme; accusez-les hardiment de soutenir que le soleil tourne autour de la terre. Faites sentir à ceux qui vous écoutent combien il est glorieux de combattre pour la cause de la science, et gonflez-les ainsi d'un doux orgueil, quand même ils ne sauraient pas lire. Est-ce que les champions de la science sont plus obligés de la posséder que les champions de l'Évangile de le pratiquer? Il n'y aurait plus de partis, s'il fallait que chaque citoyen connût à fond ce qu'il aime et ce qu'il sert.

Du moins le peuple tient à être considéré comme une autorité compétente en matière de politique. On peut lui faire accepter une histoire de fantaisie et une science de pacotille; il écoutera bouche béante bien des sornettes. Ce qu'on ne lui fera jamais admettre, c'est qu'il n'est pas en mesure de se prononcer sur la bonté d'une constitution, sur l'opportunité d'une loi, sur l'utilité d'une mesure. S'il est vrai que la science du gouvernement soit chose complexe, s'il faut pour en posséder les éléments non seulement du bon sens et de la réflexion, mais de l'étude, il est des circonstances où l'honnête homme devrait dire à la foule : « Fiez-vous à moi, et croyez-m'en sur parole, car les données du problème vous échappent. » Mais l'honnête homme se perdrait : un tel excès de franchise lui ferait plus de tort qu'un manquement à la foi jurée. Une Chambre ne se croit jamais trop bien informée; elle charge des commissions d'étudier les projets qu'on lui présente. Elle consulte les juristes sur la législation, les militaires sur l'organisation de l'armée, les médecins sur l'hygiène, les économistes sur l'assiette des impôts, les ingénieurs sur les travaux publics. Puis elle écoute une longue série de discours : encore lui arrive-t-il d'hésiter après s'être entourée de tant de lumières. Une assemblée populaire n'hésite pas. Elle n'a que faire des spécialistes. Elle supporte parfois la contradiction, pour s'amuser, pour assister à un tournoi dont le vainqueur est désigné d'avance : il serait fade de toujours applaudir ; il faut bien de temps en temps qu'on ait de quoi siffler. Mais l'homme qui ouvre un journal, le citoyen qui prend place à un meeting, ne demande qu'une chose, c'est qu'on lui fournisse de nouveaux motifs de se complaire dans son opinion. Votre public est infaillible : dites-lui qu'il a raison ; prouvez-le par des faits ou par des raisons, par des syllogismes ou par des phrases : vous avez le choix de la méthode ; vous n'avez pas le choix de la thèse.

C'est que le peuple juge en vertu de son bon sens. Le bon sens varie selon les climats et les temps, selon les circonstances et les intérêts. Le bon sens d'un Espagnol d'autrefois lui montrait clairement qu'il faut brûler les hérétiques ; le bon sens d'un Parisien du dix-septième siècle lui montrait clairement qu'il faut obéir au roi. Le bon sens peut être raisonnable ou fou, égoïste ou généreux, féroce ou débonnaire. Il y a un bon sens pour la ville, et un pour la campagne, un bon sens protectionniste et un bon sens libre-échangiste, un bon sens radical et un bon sens modéré. Mais tous les bons sens sont également infaillibles et intolérants, parce que le bon sens n'est autre chose que la somme de nos préjugés. Ces préjugés peuvent être des principes plus ou moins vérifiés, des intérêts plus ou moins éclairés ; cela importe beaucoup à l'avenir du pays ; cela importe peu au démagogue.

Le démagogue connaît les préjugés de son public, il les respecte et les flatte, il les considère surtout comme un ensemble de connaissances certaines qui permet à ce public de prononcer sur les choses et les hommes. Ne perdez jamais de vue ce précepte : vous ne prenez pas la parole ou la plume pour instruire vos semblables, mais pour leur plaire. Ils consentiront bien à ce que vous les instruisiez, pourvu que ce soit au profit de leurs idées préconçues : ils vous passeront l'éloquence et la raison, la logique et la rhétorique, et même l'érudition, pourvu que vous mettiez tout cela au service de leurs passions et de leurs croyances.

La plus douce flatterie qu'on puisse adresser à un homme, c'est de se soumettre à son jugement. Chacun de nous a dans la tête un tribunal dont il cherche sans cesse à étendre la compétence. Mais souvent nous hésiterions à rendre un arrêt, si d'obligeants amis ne nous persuadaient qu'il nous suffit pour cela de notre bon cœur et de notre bon sens. Travaillez donc à élargir la compétence du peuple. Ce n'est pas assez de lui dire qu'il peut choisir entre la République et la monarchie, ou même entre une République et une autre : les enfants même tranchent ces questions. Mais appelez à sa barre les diplomates, les militaires, les artistes ; quand même dans une réunion publique il ne se trouverait pas vingt citoyens sachant combien il existe de grandes puissances, démontrez à votre auditoire qu'il sait mieux que les députés et les ministres comment doit être dirigée la politique extérieure du pays, quelles alliances il faut rechercher, quels écueils il faut fuir. Faites remanier la carte de l'Europe à des gens qui ne distinguent pas bien l'orient de l'occident ; faites remanier les programmes d'enseignement à des illettrés. Il se peut qu'on vous applaudisse ; il se peut qu'on vous siffle : ce qui n'arrivera jamais, c'est qu'on vous interrompe pour vous dire : « Nous ne comprenons pas » ou « Nous ne savons pas ».

Les Chambres discutent une question de finances, on allègue l'expérience, le droit, la raison ; on cherche péniblement quel sera le résultat de tel impôt, quelle en est l'incidence, ce qu'il donne au Trésor, ce qu'il coûte aux contribuables, sur qui en retombe finalement le fardeau. On compulse les statistiques ; on interroge les banquiers, les commerçants, les économistes ; on s'informe de l'opinion des Anglais, de la pratique des Américains : on gémit sous un monceau de chiffres ; on se perd dans un dédale d'arguments. Convoquez une réunion publique ; rassemblez un millier de braves gens, tribuns de cabaret et laborieux ouvriers, citoyens pleins de zèle et badauds qui ne savent que faire de leur dimanche. Soumettez-leur la question qui embarrasse les Académies et qui rend les hommes d'Etat perplexes. S'il vous faut plus d'une demi-heure pour exposer le point en litige, convaincre votre auditoire de sa compétence, plaider une cause et la gagner, vous ne savez pas votre métier. S'il reste dans la salle dix hommes qui, après vous avoir entendu, ne se sentent pas plus éclairés que la Chambre et le Sénat réunis, dix hommes qui doutent de leur propre autorité, de leur aptitude à trancher le débat, qui s'avouent tout bas incapables de voir clair là où tâtonnent les hommes les plus éminents, vous ignorez les éléments de l'art de flatter. Changez de carrière, ou remettez-vous à l'école, et étudiez les maîtres, qui ne manquent pas.

CHAPITRE III

L'ESPÉRANCE

On mène les hommes par l'espérance non moins que par l'orgueil. Nous vivons d'illusions presque autant que de pain : illusions sur notre mérite, illusions sur notre avenir. Le grand ressort de la vie, c'est le désir d'améliorer notre condition, c'est l'attente de jours meilleurs. Les écrivains et les artistes rêvent la réputation et la gloire; les ambitieux rêvent les honneurs; les fonctionnaires et les militaires rêvent un avancement indéfini; les commerçants rêvent la fortune et les ouvriers le repos. Ceux qui ne se flattent plus de voir changer leur destinée rêvent du moins une longue vieillesse. On exprime le plus souvent des vœux modestes, mais on en forme tout bas de plus vastes, car nous mettons encore plus de pudeur à cacher l'immensité de nos aspirations que l'excès de notre amour-propre. Sans doute bien peu d'humains parviendront au but qu'ils visent secrètement. Si une main ennemie levait soudain le voile qui nous cache notre sort futur, un morne découragement s'emparerait de la plupart d'entre nous, car la réalité n'est supportable que parce qu'elle s'impose graduellement. La prévision certaine de notre avenir nous abattrait d'un seul coup; l'existence serait décolorée; ce serait comme l'extinction du foyer qui réchauffe les âmes. Supprimez en un jour toutes les espérances chimériques; le genre humain tombera dans la misère, retournera à la barbarie.

La religion chrétienne, en nous faisant entrevoir une vie éternelle, verse à pleines mains l'espérance dans nos cœurs, et prodigue surtout ses bienfaits à ceux dont l'horizon terrestre n'a plus de lointain. La croyance à l'immortalité de l'âme embellit singulièrement la vie des hommes qui la possèdent, ou plutôt elle les fait vivre en dehors de cette vie. Parfois même ce domaine idéal leur fait trop dédaigner le réel : il n'est pas bon que nous prenions ce monde pour une auberge et pour une antichambre. A mesure que la religion perd de son empire, nos ambitions sont plus pressées; nous aspirons avec plus d'impatience aux jouissances positives du corps et de l'esprit. Le sentiment de la famille nous permet aussi de porter nos désirs comme nos affections par delà la mort. La jeunesse peuple de ses rêves le long espace qu'elle aperçoit devant elle. Plus tard, quand l'âge et la maladie ont rétréci cet espace, quand les vastes desseins sont trop visiblement disproportionnés à la brièveté de nos jours, il faut bien, sous peine de tomber dans la torpeur de l'égoïsme ou dans un sombre désespoir, que nous trouvions hors de nous-mêmes où poser nos espérances. Heureux si nous aimons quelque chose de durable qui puisse nous survivre, si bien que la mort ne soit pas pour nous la fin de toutes choses. L'art ou la science, l'humanité ou la patrie peuvent nous assurer ce prolongement d'existence. L'esprit de corps, où l'on reconnaîtra peut-être la plus solide base de la morale sociale, est ainsi la consolation de tous ceux qui ne peuvent plus attacher à leur chétive personne les trésors de bonheur et de puissance que l'imagination leur fait entrevoir. C'est par lui que nous nous perpétuons, que nous bravons les menaces du néant, que nous échappons à la destinée qui nous emprisonne dans un point si raccourci du temps et de l'espace.

Que ce soit pour lui-même ou pour les siens, pour son pays ou pour son parti, l'homme a soif d'espérance; en étanchant cette soif, vous gagnerez des droits à la gratitude de vos concitoyens, à leur affection, à leur confiance; souvent il vous sera utile de la surexciter pour la mieux étancher. C'est un besoin universel, mais qui nulle part n'exerce sur la politique une influence aussi profonde qu'en France. Ailleurs les promesses de l'Evangile ou du Coran suffisent à l'imagination ; dans l'attente de l'échéance suprême, on subit la réalité avec indifférence ou avec résignation. Les croyants eux-mêmes, chez nous, n'ont point ce fatalisme et ne l'ont jamais eu ; notre race est active et ne saurait attendre les bras croisés que Dieu fasse honneur à la signature de ses prêtres. Chez les Anglo-Saxons, on ne demande au gouvernement que de laisser faire. Pourvu qu'il n'entrave pas le progrès, pourvu que la loi et le pouvoir assurent aux individus, aux familles, aux associations, le fruit de leurs efforts et la durée de leurs œuvres, on n'exige rien de plus du pouvoir et de la loi. L'homme est seul responsable de sa destinée et de la destinée de tout ce qui lui est cher; il ne veut ni tuteur ni patron; il accepte la lutte pour l'existence dans la société telle que le temps l'a faite. Il ne réclame pas d'autres armes que la liberté, d'autre juge que Dieu ou la force des choses. Le gouvernement est pour lui un simple garant de la paix publique, et tout au plus un syndic chargé de la gestion de quelques intérêts communs. Mais ce n'est ni un maître, ni une Providence; aussi la meilleure politique est-elle celle qui gêne le moins les citoyens, qui n'empêche que la violence, et qui ne répond que de l'ordre matériel.

Il est probable qu'autrefois en France la plupart des sujets n'aspiraient qu'à échapper le plus possible à l'attention et à l'action du pouvoir. Sous l'ancien régime, le pouvoir ne se faisait sentir aux petits que par des exactions fiscales et des règlements tracassiers; il levait l'impôt et la milice; il ne donnait en retour qu'une tranquillité dont les faibles et les humbles ne sentaient pas le prix : ce n'est pas dans la misère qu'on savoure les jouissances de la paix. Mais, quoique la royauté fût pour la majorité des Français une Providence marâtre, elle passait pour une Providence, parce qu'elle était toute-puissante. On regardait la faveur du prince comme la principale source de la grandeur et de la fortune; on pensait que le souverain, qui faisait tant de mal, pouvait faire infiniment de bien. La Révolution eut d'abord pour objet principal de mettre fin à la malfaisance du pouvoir. Mais dès 93 on rêva quelque chose de plus. Comme nous n'avions ni les mœurs ni les habitudes de la liberté, la liberté si malaisément conquise et si vaillamment défendue ne parut pas au peuple un prix suffisant de ses exploits et de ses souffrances, et il prêta une oreille attentive à ceux qui lui disaient que le rôle de l'État ne se borne pas à nous laisser chercher le bonheur, mais qu'il doit nous y conduire par la main.

Le Ciel étant devenu vide, l'idée de la Justice le quitta pour descendre sur la terre, et les utopistes la choisirent pour la base de l'édifice qu'ils construisaient sur le papier. Les philosophes de l'école de Rousseau s'étaient plu à représenter la société comme le produit artificiel des lois et des conventions; après les rudes secousses de la Révolution, les esprits étaient préparés à recevoir les doctrines qui supposent l'humanité malléable. On ne croyait plus que la société fût un ordre établi par Dieu; on ne savait pas encore, ou l'on ne voulait pas savoir jusqu'à quel point c'est un ordre établi par la Nature, c'est-à-dire par l'action spontanée des facultés humaines et le cours inévitable des événements. C'est ainsi qu'après avoir assisté à une longue série de tremblements de terre, on pourrait oublier et contester l'existence des causes lentes et des forces perpétuelles qui modifient incessamment la surface de notre planète. Or la Révolution était un long tremblement de terre, où l'intelligence humaine et les idées philosophiques semblaient jouer un rôle considérable, où les passions même les plus aveugles se déguisaient en systèmes. Aussi les générations élevées à cette école ont-elles cru que tout est possible à la volonté humaine dominée par un système ; aussi ont-elles ressuscité par la pensée un paradis terrestre où l'inégalité cesserait, où tout mérite serait récompensé, où nul ne serait malheureux que par sa faute, si même il restait des malheureux.

Nous parlerons plus loin des théories socialistes, et nous verrons ce qu'un démagogue en doit prendre. Ce qui est évident, c'est que le mirage de l'âge d'or a recommencé à hanter l'imagination populaire ; c'est qu'il y a dans un assez grand nombre d'esprits cultivés et dans la masse des esprits incultes un invincible penchant vers des espérances d'amélioration infinie. Cette croyance implicite au progrès sans bornes serait sans doute un stimulant utile, et l'honneur de notre temps, si l'avenir que nous rêvons ne nous faisait prendre le présent en haine et en dégoût, et si nous attendions de nos propres efforts l'accomplissement de nos vœux. Or dans ce pays, grâce à l'éducation que nous a donnée l'ancien régime et que la Révolution a complétée, l'utopie est essentiellement politique.

C'étaient aussi des utopistes que les premiers chrétiens, et des utopistes aussi hardis que les plus téméraires de nos contemporains. Mais ils aspiraient à conquérir le monde par l'apostolat de la parole, non par un décret de César, par la grâce, non par la force ni par la loi. Ils renouvelaient les mœurs, mais ils dédaignaient de toucher à l'Etat. Chez les peuples modernes qui ont l'habitude de la liberté, les novateurs comptent principalement sur les associations libres pour modifier la société par un travail graduel. Chez nous on vise au pouvoir comme à la source de tout bien et de tout mal. Il y a des associations, mais elles se donnent pour but d'agir sur le pouvoir plutôt que d'agir sur leurs propres membres. Dès qu'un Français a conçu un dessein qu'il juge utile au bonheur de ses concitoyens, il ne songe plus qu'à le faire adopter aux législateurs. Toutes nos conclusions sont des projets de loi ou des projets de décret. Les anciens prédicateurs faisaient partout intervenir Dieu ; les prédicateurs laïques des temps nouveaux font partout intervenir le gouvernement. Une propagande qui ne tend pas à la conquête de l'autorité publique nous laisse d'ordinaire indifférents. Nous sommes parvenus à rattacher au domaine de l'Etat le commerce, l'industrie, l'agriculture et même les arts. Nous le chargeons de faire régner le goût et la raison ; nous voudrions qu'il imposât aussi la vertu et le bonheur. Ce que nous désespérons de régler par voie législative nous touche médiocrement. On a fait une loi contre l'ivresse publique, mais comme les gendarmes ne peuvent réprimer l'ivrognerie que dans un petit nombre de cas, nous ne faisons pas sérieusement la guerre à l'ivrognerie. Nous ne verrons pas comme en Amérique les femmes se liguer pour rendre les tavernes inhabitables en y chantant des cantiques pendant des journées entières ; nous n'avons pas eu un orateur populaire qui entreprît une éloquente croisade contre les liqueurs fortes, comme ce Père Mathieu qui convertit à la tempérance, par centaines de mille, des Irlandais. Les questions de mœurs même les plus graves ne nous intéressent qu'autant qu'elles intéressent la politique. Qu'on nous montre une plaie sociale, notre première, notre unique pensée est non pas : « y a-t-il un remède ? » mais « y a-t-il une loi, un décret, une mesure administrative qui puisse y remédier ? » Si la réponse est négative, nous n'y pensons plus. Quelle que soit la diversité de nos opinions, nous sommes à peu près d'accord sur ce dogme, que l'Etat peut tout, et qu'on ne peut rien sans l'Etat.

En Angleterre, sur cent réunions publiques, il y en a quatre-vingt-dix-neuf qui ont pour objet l'amélioration des hommes. Pour la majorité des Français, qui ne fréquentent pas les églises et les temples, sur cent réunions, il y en a quatre-vingt-dix-neuf qui ont pour objet l'amélioration des lois. Ajouterai-je que cette amélioration est fort souvent comprise à rebours?

L'une des fonctions essentielles du démagogue, orateur ou écrivain, est donc de donner satisfaction au besoin d'espérance et au désir de réforme qui possèdent tous les cœurs français. Et d'abord il doit exciter de son mieux et réchauffer des sentiments qui lui offrent une si belle prise. Il faut qu'on sorte de son entretien content de soi-même et mécontent des lois. La tâche n'est pas malaisée ; depuis longtemps d'innombrables publicistes ont travaillé à nous enfoncer dans la cervelle la double conviction de notre mérite et de l'insuffisance de nos institutions ; il n'y a qu'à profiter de tant d'exemples et qu'à courir sur cette route si largement frayée.

Bien que nous aspirions également à bouleverser la société de fond en comble, notre idéal diffère selon nos habitudes et nos goûts. Si vous ne connaissiez pas le public auquel vous vous adressez, vous risqueriez de commettre d'étranges bévues, et d'étaler des perspectives peu séduisantes. Le paysan aime la terre et la richesse ; le travail lui coûte peu. Son utopie est un rêve de propriétaire. L'ouvrier des villes tient moins à la propriété ; promettez-lui plus de loisir et de jouissances de toutes sortes. Faites-nous espérer des plaisirs dont nous ayons déjà l'idée. Adaptez votre description de la Terre-Promise aux sentiments et aux goûts de votre auditoire. Chaque tête humaine renferme un idéal plus ou moins net, plus ou moins raffiné ; prouvez que cet idéal est possible, qu'il est même facile à atteindre.

Souvenez-vous que vous avez affaire à une multitude, et qu'il faut du bonheur pour tout le monde. Faites-vous un trésor assez large pour qu'en y puisant à pleines mains vous puissiez assouvir ces innombrables affamés. Exagérez à l'infini la somme des jouissances qui seraient départies à l'humanité dans une société mieux faite. Exaltez les conquêtes de la science et les prodiges de l'industrie : c'est un thème commode et banal. Il est incontestable que grâce aux inventions modernes une même quantité de travail met à la disposition des hommes une bien plus grande quantité de satisfactions matérielles, et l'on assignerait malaisément une limite à ce progrès.

Rien ne nous empêche de croire que la vie deviendra de plus en plus facile et agréable. Il est vrai que le progrès est de plus en plus subordonné à la concurrence, et que la concurrence a ses victimes. Mais il ne vous est pas interdit de concevoir un état social où les efforts des uns, loin de contrarier les efforts des autres, les seconderaient sans cesse, où l'émulation ne serait ni de la jalousie, ni de l'hostilité, où les hommes marcheraient tous ensemble vers le même but sans s'étouffer, sans se heurter, sans se gêner réciproquement.

Il n'est pas nécessaire que cette nouvelle organisation sociale soit très nettement définie : les utopies trop précises sont vite discréditées. Dès qu'on tombe dans le détail, les objections surgissent en foule, et les écoles rivales entrent en lutte. Le sectaire a besoin de donner un corps à son rêve ; il combine des rouages, calcule des formules, rédige le code de l'avenir. Le démagogue habile plane au-dessus des sectes utopiques : toutes le servent, et pas une ne le possède. Il met à profit les espérances et les impatiences qu'elles excitent, mais il se garde d'embrasser un système particulier. Il n'est ni saint-simonien, ni fouriériste, ni proudhonien, ni disciple de Louis Blanc, de Lasalle ou de Karl Marx : il s'adresse également à tous les esprits que ces doctrines ont échauffés, et il les enrôle sous sa bannière. Dans l'armée d'Annibal chaque peuple caressait un rêve différent. Les Carthaginois convoitaient surtout l'or des Romains, les Gaulois leurs terres et leurs vignes, les Grecs leurs cités. L'un comptait gagner des esclaves, l'autre des femmes, celui-ci des bijoux, celui-là des domaines ; quelques-uns sans doute entrevoyaient de splendides incendies et des massacres tragiques. Chacun envisageait à sa façon le pillage de l'Italie, se taillait sa part dans les dépouilles espérées : tous ensemble suivaient avec la même ardeur le chef qui leur promettait ces dépouilles. L'accord est facile tant qu'il y a un obstacle à renverser, un ennemi à vaincre, et c'est folie de se quereller sur le partage du butin avant de le tenir. Laissez faire l'imagination ; elle a de quoi rassasier tout le monde avant la bataille.

Dans cette foule que vous menez à la conquête de l'avenir, il existe bien des ambitions rivales et des convoitises incompatibles. Les uns aspirent à se faire une place avantageuse dans la société actuelle ; d'autres mettent leur Eldorado dans un monde nouveau : les premiers veulent une Révolution politique, ou même un simple changement de personnes ; les seconds veulent une Révolution sociale. Ce qui fait que tous les mécontents ne se liguent pas pour bouleverser l'Etat tous les ans, c'est que beaucoup se sont habitués à loger leur chimère dans le monde réel. Ils déserteraient promptement votre drapeau, si vous vous engagiez trop clairement à refondre toutes choses. Ce n'est pas seulement par sagesse que la majorité prête une oreille favorable aux novateurs qui conseillent d'avancer par étapes ; c'est que bien des gens n'ont besoin que de changements limités pour atteindre leur but ; ils ont marqué d'avance l'étape où ils trouveront l'objet de leurs désirs.

Mais tous sont également persuadés que la satisfaction de leurs désirs dépend de la politique. Vous perdrez votre peine avec les ambitieux qui ne comptent que sur eux-mêmes. Le démagogue est justement le contraire du moraliste chrétien ou philosophe, prédicateur ou observateur. Le moraliste nous apprend que nous sommes les auteurs de notre destinée, que nos misères tiennent presque toujours à nos vices, nos échecs à nos erreurs, que nos malheurs viennent le plus souvent de ce que nous avons mal gouverné notre vie, que la plus sûre manière d'améliorer notre condition, c'est d'améliorer nos habitudes. Le moraliste nous enseigne la patience, la sobriété dans les plaisirs, la modération dans les vœux, la suite dans les efforts. Il nous remet sans cesse sous les yeux l'exemple de ceux qui ont réussi par leur mérite, de ceux qui sont tombés par leur faute. Il diminue la responsabilité de la Fortune, et augmente notre propre responsabilité. Il rabaisse la puissance des lois, rehausse la puissance des mœurs. Le démagogue prend le contrepied. Il affirme que la Fortune distribue aveuglément ses dons, que le succès est dû au hasard, peut-être même au vice, que les malheureux sont victimes d'une fatalité artificielle, que la misère est inévitable dans la société actuelle. Loin de nous exhorter à faire mieux, il n'admet même pas que cela dépende de nous. Si nos habitudes sont mauvaises, il feint de l'ignorer; il ne soupçonne pas que nous ajoutons aux difficultés de notre existence par les faiblesses de notre conduite. Il tonne contre les parvenus, et tourne en ridicule les contes édifiants de la morale en action. Il diminue en toutes choses la responsabilité des mœurs pour accroître celle des lois. Ce n'est pas la patience qu'il nous prêche; ce n'est pas contre nos défauts qu'il nous excite. Il n'y a rien à faire avec des gens atteints de résignation, et si nous songions à nous corriger, nous n'aurions plus le temps de réformer les institutions.

Ce n'est pas qu'il faille déclarer la guerre à la morale. On ferait ainsi un triste métier, et l'on se priverait d'un puissant moyen d'action. Les hommes veulent bien qu'on les corrompe, mais ils ne souffrent pas qu'on s'en vante. Vous ne devez pas être un corrupteur ; il suffit que vous ne soyez pas un prédicateur. A chacun son rôle. D'autres se chargeront de rappeler au peuple ses devoirs et ses défauts; rappelez-lui ses droits et ses griefs. J'irai plus loin : vous pouvez être honnête et condamner les vices, j'entends les vices même de vos auditeurs, pourvu que vous leur fassiez entendre qu'ils n'y sont pas tombés par leur faute, pourvu que vous les consoliez aux dépens d'autrui. S'il y a des paresseux, c'est que le travail n'obtient pas la récompense qui lui est due ; s'il y a des ivrognes, c'est que la société mal organisée refuse à l'ouvrier sa part des plaisirs délicats que multiplie la civilisation ; s'il y a des débauchés, c'est que les riches donnent l'exemple et propagent la dépravation. En général il ne faut ni approuver ni même nier le désordre, mais il faut l'imputer aux ennemis que vous voulez combattre, aux institutions que vous voulez renverser. Tout doit servir à votre but, et votre but est de faire comprendre à la multitude combien il lui importe de vous suivre partout où vous la mènerez. Si vous travaillez à emplir l'âme de vos auditeurs des plus flatteuses espérances, ce n'est pas uniquement pour leur plaire : c'est aussi pour les animer contre l'obstacle. Si vous célébrez la Terre-Promise, c'est pour les encourager à franchir le désert qui les en sépare, pour les exciter contre les Chananéens qui la détiennent. Au moyen-âge l'Eglise déchaînait les chrétiens contre l'infidèle en se servant même de leur repentir ; le démagogue tournera contre les institutions de son pays jusqu'au sentiment que les multitudes les plus adulées ont parfois de leurs faiblesses et de leurs défauts.

La Révolution française fut la plus belle explosion d'espérances qui ait jamais transporté un peuple. La déception fut grande, quand on compara les résultats aux illusions, si grande qu'on méconnut d'abord la réelle importance des résultats. L'Empire fut le produit de cette déception. Mais tout cela est oublié ; on peut encore aujourd'hui éveiller des espérances infinies au nom de la Révolution, pourvu qu'on affirme qu'elle n'est pas terminée. Nous avons le suffrage universel, l'égalité absolue des droits civils et politiques, la République, beaucoup de libertés que l'ancien régime nous refusait, que nous avons plus d'une fois perdues et reconquises. Parmi nos pères de 89, la plupart jugeraient la Révolution terminée, s'ils nous voyaient en possession de tous ces avantages si longtemps disputés. Ils estimeraient que l'ère des grands bouleversements est finie, qu'il faut maintenant se contenter de réformes lentes et de progrès patients. Tel ne sera pas votre avis; votre rôle serait trop modeste dans une démocratie qui n'aurait point de vastes ambitions.

Soutenez donc hardiment que la Révolution française est encore loin de son terme. Il y aura encore quelques actes à jouer, ou du moins le dernier, celui où les bons sont récompensés et les méchants punis, l'acte de l'apothéose. Vous arrangerez au gré des circonstances le programme de ce dénouement : des libertés à foison, l'égalité mieux pratiquée, les institutions monarchiques enfin remplacées par la vraie République. La vraie République, voilà un mot qui fait merveille, parce qu'on y met tout ce qu'on veut. Vous entendez bien que, tant que vous aurez à faire votre chemin, nous ne posséderons pas la vraie République. Attendez pour saluer son avènement que toutes vos ambitions soient satisfaites, dussiez-vous attendre jusqu'à la mort. De quel droit la France serait-elle contente avant vous?

Qu'y a-t-il en effet dans la Révolution française ? Ce qu'il plaît à chacun d'y trouver. On parle bien de certains principes vagues, de certaines déclarations des droits, en somme assez incomplètes. Mais lors même qu'on adopte un texte, on peut se donner carrière en le commentant. Les Anglais, qui ont tant d'orgueil dans le cœur, mais qui mettent de la modestie dans leurs idées, savaient ce qu'ils voulaient faire en 1688. Ils croyaient assez naïvement restaurer leur ancienne constitution. Aussi les résultats ont-ils dépassé leurs espérances. Nos révolutionnaires prétendaient renouveler la face du monde : aussi la tâche n'est-elle pas accomplie, ne le sera-t-elle jamais. Le plus sûr moyen d'échapper aux séductions du repos, c'est de viser à la perfection ; on ne risque point de l'atteindre. C'est le propre des théories de n'être jamais entièrement appliquées. Or la Révolution française, provoquée par des griefs réels et des besoins précis, a toujours été dirigée par des théoriciens. On y voit toujours une devise à côté d'une passion. Dans ce drame étrange et compliqué, la haine et la vengeance n'éclatent pas sans se parer d'une utopie ; la faim s'exprime comme un acte de foi : « Du pain et la Constitution de 93 ! » criaient les insurgés de prairial, et les têtes portées au bout des piques jalonnent le chemin de l'idéal.

Vous pouvez choisir dans cette longue succession de docteurs et de prophètes : il y en a de toutes les dates et de toutes les forces. Si Mirabeau ne vous suffit pas, inspirez-vous des Girondins. Si les Girondins sont trop pâles, consultez les Jacobins ; Babeuf au besoin vous fournira des idées et des formules. Prenez pour maîtres des révolutionnaires dont le rêve ne soit pas encore réalisé, et demandez-leur de vous marquer le terme que l'humanité doit atteindre pour que la Révolution soit enfin achevée. Ni les textes, ni les exemples ne vous manqueront pour tenir vos concitoyens en haleine, et pour piquer leur émulation. S'ils étaient tentés de se tenir pour satisfaits, intéressez leur amour-propre : dites-leur que nos grands aïeux ont fait des promesses, ont tiré des lettres de change que nous devons acquitter à tout prix, et que toute halte serait une banqueroute. Ceux que les passions n'entraîneraient pas céderont au point d'honneur ; ils vivraient tranquilles s'ils n'écoutaient que leurs propres sentiments ; ils se jetteront dans les aventures pour accomplir le programme et dégager la parole des martyrs d'autrefois.

Tout le monde reconnaît que le changement est la loi des choses humaines, et vous ne trouveriez pas de contradicteurs, si vous vous borniez à réclamer des réformes. Mais il importe que les réformes réclamées par vous soient considérées comme faisant partie intégrante de la Révolution française. Car ce grand mot ne présente pas seulement à l'esprit l'idée d'une transformation profonde, mais l'idée d'une transformation rapide, et au besoin violente. Il semble que les hommes se soient dit un jour : « Nous avons tant de choses à détruire et à créer, que nous devons pour un temps suspendre les règles de la politique et même les lois de la morale vulgaire. Jusqu'à ce que nous ayons achevé cette œuvre immense, nous pouvons sans crainte et sans scrupules dédaigner les leçons de l'expérience, sacrifier les intérêts qui nous gênent, fouler aux pieds les droits acquis, broyer sous les roues du char quiconque se trouvera sur notre passage. Tout ce qui est défendu en temps ordinaire est permis en temps de révolution, pour le service de la cause. Alors toutes choses changent de nom ; la témérité devient sagesse, et la prudence devient folie ; la modération n'est plus que de la lâcheté, la pitié que de la faiblesse; la justice même est une forme de la trahison. »

Comme nous ne sommes pas tout à fait en révolution, vous ne sauriez vous attribuer tout le bénéfice de la casuistique brutale par laquelle les docteurs de la Révolution ont pu endormir la raison et mater la conscience humaine. La morale révolutionnaire vous offre des licences infinies ; mais vous n'en devrez user qu'autant que la situation sera révolutionnaire ou paraîtra l'être. Dans les grandes crises, on viole à la fois les lois positives et le droit naturel. Les lois ont repris leur empire, et il n'est plus permis que de les modifier au gré des passions politiques. Le droit naturel est plus malléable, et l'équité compte peu, quand il s'agit de compléter l'œuvre de nos pères. D'ailleurs la morale est aujourd'hui singulièrement flottante, et certains docteurs font profession de retourner l'idée du droit comme un gant. Les socialistes modernes excellent dans cet art autant que les sophistes du temps de Socrate. Quand même vous ne parviendriez pas à modifier dans les esprits la notion du juste et de l'injuste, c'est beaucoup d'y faire naître des espérances sans bornes. Car la déception engendre la colère, et la colère du peuple le rend accessible à des conseils qu'il ne suivrait pas de sang-froid.

CHAPITRE IV

LES PASSIONS MAUVAISES

Je ne vous ai jusqu'ici proposé que des choses faciles. Vous êtes, cela va sans dire, dévoué à la cause démocratique. Votre politesse et la bonté de votre cœur vous poussent naturellement à louer vos semblables et à leur promettre un avenir couleur de rose. Mais le souverain ne se contente pas de si peu. Il ne se laisse pas gagner par des flatteries vulgaires, par des séductions à la portée de tout le monde. Le chemin de la faveur n'est pas une grande route. Pour conquérir un bien aussi précieux que la popularité, il faut faire pour le peuple ce que les courtisans habiles ont fait pour les Césars et les rois. Il faut donner des conseils qui plaisent, et les conseils qui nous plaisent sont ceux qui chatouillent nos faiblesses ; ce sont les mauvais conseils.

Quand le renard de la Fontaine veut gagner un fromage, il vante le plumage du corbeau. Quand il veut gagner la faveur du lion, il dit et il prouve qu'il est permis, qu'il est louable de manger des moutons, des chiens et des bergers. Le corbeau est un rustre ; on vient à bout de lui par un compliment presque grossier. Le lion est un blasé; célébrer sa force et son courage, ce serait se perdre dans la foule des courtisans. Le renard est un flatteur habile; il soulage la conscience du prince et raille les victimes du noble carnassier. Mais aussi la faveur du roi vaut plus qu'un fromage.

Un jeune seigneur débarque à Versailles, pendant la plus brillante période du règne de Louis XIV. Résolu à faire son chemin, il commence par observer le terrain et il s'effraie de voir combien il a de rivaux. Il aperçoit autour de lui une foule de beaux esprits qui tournent les louanges comme des madrigaux, qui font la cour au roi comme à une maîtresse, qui renouvellent en plein christianisme l'idolâtrie des adorateurs du soleil. Tous s'extasient sur les vertus du prince; on ne parle que de sa grandeur d'âme, que de son héroïque valeur; on vante sans cesse l'étendue de ses desseins, la sûreté de ses plans, le discernement avec lequel il choisit ses ministres et ses généraux, le bonheur qui l'accompagne dans toutes ses entreprises. Tout cela est aisé, banal et fade. Mais Louis a aussi des vices, et n'ose peut-être s'y livrer pleinement. Dans sa vie privée, il est débauché; dans ses relations avec ses sujets, il est enclin à la tyrannie ; dans ses relations avec les autres souverains, il est arrogant, injuste, dédaigneux des droits d'autrui, infidèle à sa parole. Peut-être a-t-il des scrupules; peut-être sa conscience lui fait-elle des reproches, au défaut de son confesseur. Il cède à ses passions, mais il cède avec inquiétude; la satisfaction de ses désirs lui laisse un secret malaise, un arrière-goût d'amertume. Que ne donnerait-il pas pour être délivré de ces scrupules, pour être réconcilié avec sa conscience sans qu'il lui en coûtât rien ! Voilà, jeune courtisan, un moyen de parvenir, un sentier un peu moins frayé que le grand chemin de la flatterie vulgaire. Insinuez-vous dans la confidence du roi ; dites-lui, prouvez-lui qu'il a le droit de faire tout ce qui lui plaît, que sa paillardise n'est qu'une élégance de plus ; est-ce un crime de traîner tous les cœurs après soi ? Dites-lui que la justice est faite pour les particuliers et qu'on n'a point à s'en soucier quand on a affaire à des voisins envieux, malveillants, perfides, ou à des sujets dont les biens et la vie appartiennent à leur maître. Faites-vous le théoricien des défauts du prince, le casuiste de ses péchés, l'avocat de ses prétentions iniques, le complice de ses mauvais instincts et de ses mauvaises pensées. Et si là encore vous avez trop de rivaux, même parmi les gens graves, les barbes grises, les robes rouges et les soutanes violettes, efforcez-vous d'innover, de devancer l'avenir, de deviner le vice de demain, de prêter une voix aux tentations naissantes.

Mais ici vous vous révoltez, mon jeune ami. J'ai beau faire un détour, adresser à un courtisan imaginaire d'autrefois les conseils que vous repousseriez hautement ; vous êtes indigné ; vous me demandez si je vous prends pour un scélérat, si je vous crois capable du rôle que joue auprès de Néron le Narcisse de Racine. Certes, vous aimeriez mieux renoncer à toute ambition. D'ailleurs, en vous parlant ainsi, je calomnie le peuple aussi bien que ses favoris ; je fais injure à mon temps et à mon pays. Bravo! cette colère me plait; je reconnais une âme neuve, en qui l'amour du succès n'a pas étouffé la conscience. Vous souhaitez d'être habile, mais vous voulez rester honnête. Je vais vous rassurer ; vous resterez honnête à vos yeux et aux yeux de vos amis ; vous ne perdrez ni votre estime, ni celle de vos contemporains. Seulement vous suivrez mes conseils, et vous imiterez le courtisan de Louis XIV.

Je crains que vous n'ayez porté sur cet aimable jeune homme un jugement téméraire. Il vous fait l'effet d'un traître de mélodrame, d'un monstre de tragédie. Détrompez-vous : c'est un homme de bon ton et de bon goût. Au milieu d'une Cour où l'exemple du prince met tous les plaisirs à la mode, il ne fait que plaider la cause de la jeunesse, sa propre cause. Il a entendu parler des misères de la Fronde, et il tient pour le pouvoir absolu ; il connaît l'histoire, et il ne voit pas pourquoi Louis XIV serait esclave de la foi jurée; il aime son pays, et il applaudit aux conquêtes. Voudriez-vous qu'il prît des airs de censeur, et jouât les Alcestes? Molière lui-même était-il un Alceste, quand il faisait Amphitryon, et proposait peu discrètement au roi l'exemple du seigneur Jupiter? Songez que Molière est un des favoris de la démocratie; chose remarquable, il n'y a plus que les monarchistes qui lui reprochent d'avoir flatté le monarque. Mon courtisan n'est donc pas un scélérat ; il ressemble aux plus honnêtes gens de son siècle. Le sévère Boileau lui adressera une épître morale ; Racine lui a lu *Bérénice* chez Madame; les évêques qui fréquentent Versailles recherchent son entretien, et les jésuites lui savent gré de n'être pas janséniste.

Relisez, je vous prie, l'histoire du grand règne. Louis XIV foule aux pieds le peu qui restait de liberté à ses sujets, impose silence au Parlement comme à une assemblée de valets: qui s'en indigne ou s'en étonne, parmi ces hommes qui ont vu la Fronde, qui ont entendu raconter la première Révolution d'Angleterre, et qui seront témoins de la seconde? Louis XIV fait incendier le Palatinat ; le roi des Huns n'eût pas fait pis ; croyez-vous qu'on l'ait blâmé? Louis XIV révoque l'Edit de Nantes, permet les dragonnades, inflige à la religion de son grand-père une persécution plus sanglante que celle de Dioclétien: trouvez-moi un seul de ses contemporains fameux, Français et catholique, qui n'ait glorifié ce crime, et qui ne l'ait glorifié sincèrement? On aimait le roi, on l'admirait, on avait foi en lui. L'amour est aveugle, l'admiration est aveugle, la foi est aveugle. « Pauvre conscience captive! » s'écrie quelque part Bossuet, dont la conscience était apparemment enfermée sous un triple verrou dans un cachot bien noir, le jour où il entonnait un hymne de joie et de triomphe à propos d'un édit qui allait envoyer aux galères ou dans l'exil tant de milliers de Français, et faire peser la plus cruelle des oppressions sur deux millions de chrétiens, citoyens honnêtes et sujets fidèles.

Il ne s'agit plus d'un roi, mais d'un peuple. Où donc est la différence? Vous n'en aurez que moins de peine à partager les passions qu'il vous faudra flatter. Vous serez de votre temps et de votre parti. Plus vous serez engagé dans la lutte, plus votre conscience sera captive. Vous ne tromperez les autres qu'après vous être trompé vous-même ; vous ne donnerez de mauvais conseils que ceux que vous serez prêt à suivre; vous ne répandrez que la contagion que vous aurez subie. Avez-vous cru, dans votre naïveté, que les démagogues et les courtisans se faisaient violence, que le sommeil fuyait leurs paupières, que le remords assiégeait leur chevet? Vous imaginez-vous que le sophiste est un homme sombre, qui se confine dans une cave pour distiller ses arguments, comme les sorciers des vieux romans pour distiller leurs poisons? Non, le sophiste commence par se convaincre et se duper; tout entier à sa passion, il ne voit que ce qui la sert. S'il ment, c'est de bonne foi; il oublie ce qui le gênerait; il ignore ce qui le détromperait. Tous les exemples dont il s'entoure, toutes les autorités qu'il est habitué à respecter, le confirment dans ses erreurs. Ses tours de dialectique ne le troublent pas, ne lui donnent pas de scrupules. Est-ce que sur le terrain on se fait scrupule de tromper l'adversaire par une feinte? Mais pourquoi parler de feinte? Prenez un orateur qui prêche la haine et l'envie, au moment où il descend de la tribune au milieu des applaudissements, et demandez-lui ce qu'il vient de faire. Il vous dira très franchement qu'il a rempli son auditoire d'une juste indignation contre les méchants et les égoïstes; il se félicitera d'avoir bien servi la cause du progrès, d'avoir réchauffé le zèle de ses compagnons d'armes, et réveillé les indifférents. Et si, avec une sincérité dont votre politesse vous rendrait sans doute incapable, vous lui montriez qu'il a fait appel aux passions les plus dangereuses et les plus basses, il ne vous entendrait pas, il vous prendrait pour un ennemi, pour un traître ou pour un envieux.

Car c'est là ce qui soutient le mieux dans leur carrière laborieuse les courtisans des rois et des peuples : ils sont contents de leur œuvre ; ils en sont fiers. Ils estiment que qui ne les imite pas est tiède, que qui les blâme est jaloux. Et l'opinion publique partage leur sentiment. Voyez avec quelle vigueur elle flétrit les hommes de parti qui ne suivent pas leur parti jusqu'au bout, avec quelle promptitude on jette à la face des scrupuleux le nom d'apostat. Quand les esprits sont échauffés, quiconque ose prêcher la justice et la modération devient sur-le-champ ridicule ; s'il s'obstine, on le trouve odieux. Il est en butte à des imputations diverses, selon les temps et les lieux. Sous la Ligue, c'est un fauteur d'hérétiques ; sous la Fronde, c'est un mazarin ; plus tard, ses discours sentent le libertinage. Elève-t-il la voix en faveur de l'humanité, tandis que l'échafaud fait merveille ? C'est un aristocrate, un agent de Pitt et Cobourg. Hasarde-t-il dans la Chambre introuvable une allusion timide aux exploits de Trestaillons ? C'est un jacobin. Blâme-t-il le coup d'Etat ? c'est un socialiste. Revendique-t-il les droits de la conscience religieuse en face de l'intolérance philosophique ? C'est un jésuite. Les honnêtes gens, ses amis, ses compagnons d'armes dans les luttes d'autrefois, lui disent tout au moins, s'ils sont polis et indulgents : « Vous commettez une mauvaise action ; vous fournissez des armes à nos ennemis ; vous nous divisez. » Diviser son parti, c'est-à-dire blâmer les meneurs et résister à un entraînement qu'on juge funeste, c'est un cas pendable. Il y a des moments où la raison, la prévoyance, passent pour une désertion sans excuse. Les conseillers importuns sont plus détestés que les ennemis, car on voit en eux des transfuges.

Toute notre éducation politique contribue à plier notre conscience au service de nos passions de parti. A la tribune comme dans la presse, nous n'apprenons qu'à plaider. Au Palais-de-Justice, il est permis d'épargner la personne d'un adversaire, quand l'objet du litige est purement matériel et qu'il s'agit d'interpréter des lois, non de juger des hommes. Mais quand il le faut, quel est l'avocat qui recule devant une insinuation cruelle ? Dans un procès en diffamation, y a-t-il une arme assez empoisonnée pour qu'on hésite à s'en servir ? En politique tout est de bonne guerre. Si vos ennemis sont trop estimés, on les écoutera : il faut donc les avilir. On peut se ménager réciproquement, dans les pays et dans les parlements aristocratiques, parce que les rivaux sont du même monde. La démocratie apprécie mal les discussions courtoises, et ceux qui s'y complaisent ne font pas leur chemin.

Pour comprendre une réserve, une distinction, pour limiter le terrain du débat, il faut un effort. Les esprits simples et rudes ne comprennent pas qu'un honnête homme pense faux, n'admettent pas qu'on ait raison jusqu'à un certain point, n'aperçoivent point la ligne qui sépare la vie privée de la vie publique, le cœur de l'esprit, la conduite de la doctrine. La conscience populaire partage naturellement le genre humain en deux moitiés : les bons et les méchants, les brebis et les boucs, nous et nos ennemis. Pour elle, quand on a raison en gros, on a aussi raison en détail ; qui a pour soi le droit a tous les droits. Tout est permis à qui soutient la bonne cause ; tout est permis contre les champions de la mauvaise. Peut-être un temps viendra-t-il où l'éducation générale sera assez avancée pour que les masses aient le moyen et le désir de porter des jugements moins absolus. Mais nous en sommes loin : la lutte politique est encore une guerre où toutes les ruses et toutes les violences sont licites. Or, à la guerre, tout ce qui est licite est obligatoire, parce que le premier devoir est de vaincre.

Vous avez pu remarquer que les démagogues les plus habiles se donnaient beaucoup de peine pour mettre à l'aise la conscience de la foule, pour la débarrasser de tout scrupule. La foule a-t-elle donc une conscience et des scrupules ? Qui en doute ? Croyez-vous que les tyrans, même les plus pervers, ne sachent pas qu'il y a une distinction entre le bien et le mal ? Or le peuple peut devenir méchant ; il n'est point pervers. Il faut bien que vous ayez quelque chose à faire. Autrefois, le monde était rempli de chrétiens qui voulaient jouir librement de la vie présente sans compromettre leur vie future, et suivre leurs passions sans se brouiller avec le ciel. Les casuistes ont trouvé l'art d'accommoder les vices avec la loi de Dieu, de mettre, selon le mot de Bossuet, des coussins sous les coudes des pécheurs. Or les casuistes étaient pour la plupart des hommes de bonne foi, vertueux et austères pour leur compte, persuadés qu'ils conduisaient au salut un plus grand nombre d'âmes en élargissant la voie du salut. Ces bons pères que Pascal raille si cruellement, ces sophistes de qui les maximes relâchées inspirent si justement l'horreur et le mépris, les prenez-vous pour des démons? C'étaient peut-être des saints. Si les jésuites ont eu la conscience en repos, quand ils travaillaient avec tant de zèle à autoriser des péchés et des crimes dont ils n'étaient même pas tentés, combien plus tranquillement exciterez-vous des passions que vous partagerez ! Les casuistes de la politique sont bien plus à l'abri du remords que les casuistes de la théologie, car ils sont moins gênés par des principes fixes et des lois positives.

Vous servirez donc les passions du peuple; vous justifierez ses convoitises; vous échaufferez ses haines. Vous ne vous interdirez rien de ce qui peut vous servir, et pourtant vous ne vous reprocherez rien. Je vais vous étonner et vous scandaliser en vous traçant le programme que vous suivrez bientôt sans hésitation ni scrupule. Mes conseils semblent prématurés aujourd'hui ; peut-être seront-ils inutiles quand vous serez entré dans la carrière, car il vous suffira d'imiter vos devanciers, et de céder au courant. Mais je tiens à être complet ; il faut bien que je vous apprenne à quelle tâche vous vous consacrez. Je ne crains pas de vous effrayer et de vous détourner de la voie où vous devez trouver le succès. Car en attendant que vous me donniez raison, vous ne me croirez pas. « Non, vous écriez-vous, je ne ferai pas cette vilaine besogne ! » Vous la ferez, mon cher ami, et vous la ferez probablement sans hésitation, sans répugnance, la tête haute et le cœur allègre, comme vos devanciers et vos émules.

CHAPITRE V

LA HAINE

La haine est un des plus puissants ressorts des choses humaines. Elle est courageuse et patiente ; elle brave le péril et elle sait attendre. Elle naît plus vite et plus facilement dans les âmes que l'amour. Elle n'a pas besoin d'un objet précis, car elle s'attaque volontiers aux masses. On aime quelques hommes ; on en hait des milliers, une race, un peuple, un parti, une église. Pour une personne qui affronte la mort par dévouement, il y en a dix qui l'affrontent par haine. Dans notre civilisation moderne, les haines privées sont rares ; d'ailleurs elles s'accordent peu avec la douceur de nos mœurs et la délicatesse de nos nerfs ; mais rien n'est plus commun que les haines collectives.

A l'état sauvage, l'étranger est un ennemi, et la haine de l'étranger est un instinct naturel, parce que c'est un instinct salutaire. Dans l'antiquité les peuples ne songeaient guère qu'à se faire le plus de mal possible. Comme les résultats de la conquête étaient terribles, les guerres étaient acharnées et les haines implacables. Le christianisme, qui fit de l'amour de nos semblables le premier des préceptes, introduisit en même temps dans le monde les haines religieuses, la haine de l'infidèle, la haine du juif, la haine de l'hérétique. Il y a deux mille ans, les intérêts suffisaient à mettre les hommes aux prises ; on y a ajouté les croyances. Le moyen âge et les temps modernes n'ont peut-être pas dépassé les temps anciens par la férocité ; mais il existe maintenant un contraste étrange entre la philanthropie des doctrines et la violence des actes. Le Canaque tue pour manger ; les Romains et les Carthaginois se menaçaient réciproquement de l'esclavage ; les Vandales voulaient des terres. Les Hébreux exterminaient les ennemis de Jéhovah : Jéhovah était le Dieu jaloux. Massacrer au nom d'un Dieu de paix, torturer au nom de l'Évangile ou au nom de la fraternité humaine, c'est montrer que les passions naturelles sont si fortes, qu'elles ne se contentent pas de vaincre les doctrines qui leur résistent : elles les asservissent et les exploitent. Peu de guerres ont été aussi atroces que celle de la Vendée ; les blancs avaient pour emblême le cœur de celui qui priait pour ses bourreaux ; les bleus ne rêvaient que le bonheur de l'espèce humaine. Pourtant il n'y avait point là d'hypocrisie ; il n'y avait que le triomphe des instincts profonds sur les croyances superficielles, du fond permanent sur la forme changeante, de l'animal sur l'esprit. Et c'était l'esprit qui déchaînait l'animal, la croyance qui surexcitait l'instinct.

D'un peuple à l'autre il y a deux grandes sources de haine, la différence et la concurrence. La concurrence suffit sans la différence, mais la différence ne suffit pas sans la concurrence. On ne hait les Chinois que quand ils deviennent gênants. On ne fait pas un crime aux nègres de la couleur de leur peau ; c'est seulement une raison pour qu'on les frappe plus fort, quand on les frappe. Dans les querelles civiles, la différence suffit. On se hait, même sans crainte ni rancune, ni rivalité, parce qu'on pense autrement. Il faut pourtant reconnaître que ce motif a un peu perdu de sa valeur, depuis que la tolérance, sans être devenue une pratique, est devenue un dogme. Aussi est-il presque toujours nécessaire d'y ajouter la rancune. Non pas cette rancune directe et grossière qui joue dans le monde un rôle bien moins considérable qu'on ne l'imagine. Car les hommes sont souvent moins ardents à venger leurs griefs réels que des griefs imaginaires, ou traditionnels et collectifs. Ce ne sont pas les plus féroces terroristes qui avaient le plus souffert de l'ancien régime. On peut même soutenir que le besoin de vengeance n'est jamais si terrible que quand il est impersonnel, car il prend alors l'apparence de la justice. Rappelez à votre auditoire les maux qu'il a soufferts ; s'il en est délivré, vous ne l'échaufferez qu'à moitié. Faites-lui un tableau émouvant d'une iniquité longtemps impunie, d'une oppression séculaire ; vous lui inspirerez un désir irrésistible de châtier les coupables, et, si les coupables sont absents, ou morts, ou inconnus, de châtier leurs descendants, leurs héritiers, leurs avocats, quelqu'un enfin, n'importe qui. Grande ressource pour les démagogues en ce pays de révolutions et de réactions. Pourvu que nous remontions assez haut, nous avons tous quelque chose à venger; comme les partis datent de loin, nous pouvons toujours rendre nos adversaires responsables d'une multitude de méfaits.

Faisons donc un habile usage des ressources infinies que nous offre l'histoire. Les hommes sont naturellement oublieux ; il ne faudrait que deux ou trois générations pour que les plus grands crimes sortissent de notre mémoire, si personne n'avait intérêt à les rappeler. Qui songerait aujourd'hui à la Saint-Barthélemy? Qui se souviendrait de la Révocation de l'Edit de Nantes? Ces choses-là sont si loin de nous! Peut-être nos propres aïeux n'ont-ils vu dans les Dragonnades que le légitime exercice de l'autorité royale, guidée par le zèle de la vraie foi ; peut-être ont-ils applaudi quand le sang des huguenots coulait dans les rues de Paris. Ni les Valois, ni les Guises, ni les Gondis n'ont laissé de descendants qui puissent porter à cette heure le poids de la réprobation humaine. Mais le catholicisme subsiste, et la royauté a encore des partisans. Pour rendre odieux catholiques et royalistes, remettons sans cesse sous les yeux de nos contemporains l'horrible récit de la nuit du 24 Août; évoquons les spectres des victimes : les spectres sont fort utiles en politique. L'Inquisition est encore plus commode; c'est une mine inépuisable d'arguments à sensation.

Ces villageois ne s'aviseraient point de détester leur curé, bon homme qui ne fait de mal à personne, qui n'use du bois que pour se chauffer, et qui ne torturerait pas un chien ; tout au plus le trouvent-ils un peu long quand il prêche, et trop enclin à insister auprès des indifférents pour les faire venir à la messe. Mais si vous distribuez dans le hameau des journaux qui racontent les hauts faits de Torquemada, qui montrent par quels liens étroits le clergé d'aujourd'hui tient à celui du quinzième siècle; si vous ajoutez à cette prédication quotidienne un almanach orné d'effroyables images, autodafés, humides cachots, squelettes enchaînés, supplices raffinés, bourreaux en cagoule acharnés sur des hérétiques, il se fera peu à peu dans l'esprit de nos paysans une association d'idées entre toutes ces horreurs et l'inoffensif diseur de bréviaire ; ils verront du sang sur ses mains et sur sa robe ; il leur apparaîtra dans leurs rêves la torche à la main, coiffant du san-benito les libres-penseurs de la commune. On croira lui faire grâce en avouant que son impuissance l'a jusqu'ici empêché de donner carrière à ses instincts. Si par un enchaînement de circonstances dont le passé nous offre des exemples, ce malheureux desservant était proscrit comme insermenté, détenu comme suspect, guillotiné comme aristocrate ou fusillé comme ôtage, plus d'un parmi ses paroissiens s'écrierait naïvement : « C'est justice après tout : pourquoi ont-ils tant brûlé d'hérétiques ? »

Ce gentilhomme s'étonne d'être haï : qu'a-t-il fait pour cela ? Ses fermiers ne l'accusent point de rapacité ; il donne volontiers aux pauvres, et il fait largesse aux pompiers. Il est peut-être un peu fier, moins cependant que tel bourgeois qui jouit de l'affection populaire. Mais il est noble ou il prétend l'être ; il a des ancêtres ou il s'en flatte. Il passe pour souhaiter le retour du roi : que faut-il de plus? C'est un homme de l'ancien régime. Ses voisins connaissent l'histoire de France. Leur érudition est puisée aux bonnes sources ; si elle ne se hausse pas jusqu'aux romans d'Alexandre Dumas, ils ont lu du moins un journal bien pensant, et même quelques brochures. A la place où s'élève une coquette villa, séjour d'automne du moderne rentier, ils aperçoivent dans la nuit du passé un donjon féodal, sombre, hautain, avec un pont-levis sur un large fossé peuplé de grenouilles que les manants doivent faire taire pendant la longueur des nuits. Ils se voient eux-mêmes à la place de ces serfs infortunés, humiliés, dépouillés, torturés, peut-être jetés dans une oubliette ou dans une basse fosse, ou pendus haut et court pour avoir tué un lièvre dans leur jardin. Le propriétaire d'aujourd'hui a beau payer une bonne indemnité aux laboureurs dont la récolte est endommagée par les lapins de ses bois, malgré le zèle meurtrier de son garde-chasse ; on se le représente bardé de fer, foulant aux pieds de son lourd destrier les moissons des vilains, les battant par surcroît et caressant leurs femmes. Tu te demandes, malheureux, pourquoi tes voisins te montrent une mine si revêche. Ne le sais-tu pas ? tu les as opprimés ; tu les opprimes encore tous les jours, à l'heure où le facteur apporte le journal. Tu exerces à leurs dépens le droit de suite, le droit d'aubaine, le droit de champart, le droit de garenne, le droit de colombier, le droit de four banal, sans compter le droit du seigneur. Tu leur fais payer les lods et ventes, le quint et le requint, et par-dessus tout tu leur fais battre l'eau de tes fossés pour imposer silence aux grenouilles. C'est imprimé ; on fait apprendre à l'école un livre où la chose est expliquée tout au long; il y a même une chanson là-dessus. C'est peut-être ce que les gamins du village ont retenu de plus clair de leur cours d'instruction civique; voilà pourquoi ils te regardent de travers, et volontiers te jetteraient des cailloux quand tu passes devant la maison commune au moment où la classe vient de finir.

En vérité, la politique serait une idylle si l'on n'était haï que pour le mal qu'on a fait. Grâce à l'association des idées, nous étendons notre désir de vengeance non seulement à ceux qui ont commis un acte odieux, mais à ceux qui en profitent, à ceux qui l'approuvent, ou ne le blâment pas assez fortement, aux champions du drapeau qui a couvert le crime, du régime qui a favorisé l'oppression. C'est ainsi que tous les royalistes sont responsables des méfaits de tous les rois, tous les républicains du sang versé par la Terreur, tous les bonapartistes du 2 décembre et de Sedan, tous les catholiques de l'inquisition et du massacre des Albigeois. Cette injustice fait le fond de la plupart de nos polémiques ; au lieu de croiser des arguments, on croise des récriminations, on se jette des cadavres à la tête. Cette façon de discuter est à la portée de tout le monde et favorise singulièrement la paresse d'esprit; elle nous épargne la peine de trouver des raisons. Car souvent on pourrait battre son adversaire par de bonnes raisons ; mais il faudrait les chercher, les exposer, les faire valoir : c'est un travail. Il est plus facile et moins fatigant de rappeler quelque odieux forfait ; les spectateurs, s'il y en a, ou les lecteurs, applaudissent à ces coups droits, qui les divertissent bien mieux qu'une argumentation en règle.

Il va sans dire que ce genre d'escrime suppose un certain dédain de la vérité historique. On n'a pas besoin d'inventer des faits faux ni de nier des faits vrais : il suffit de choisir ce qui sert, et de négliger ce qui nuit. Voulez-vous décrier la philosophie du dix-huitième siècle ? Vous trouverez dans la vie et dans les écrits de Voltaire les éléments d'un réquisitoire éloquent et substantiel ; il est vrai qu'on y peut trouver aussi de quoi écrire un panégyrique non moins éloquent et non moins substantiel : qui vous force à vous en souvenir ? Rousseau était un ingrat, un méchant et un fou ; il est vrai qu'il prêcha avec un succès prodigieux l'amour de la vérité et de la nature, qu'il attendrit une génération sceptique et sèche, qu'il ressuscita en France, après la Régence, après le ministère de Fleury, après cinquante ans de décadence et de frivolité, la faculté de l'enthousiasme et la passion des grandes choses ; mais ce n'est pas notre affaire. Voulez-vous accabler les catholiques sous le bûcher de Jeanne d'Arc, en montrant comment les princes de l'Eglise contribuèrent au supplice de l'héroïque bergère ? Vous oublierez naturellement qu'elle était elle-même très catholique, et que sa vocation lui venait des Saints du Paradis. Vous n'êtes pas obligé de reconnaître que cette victime des prêtres est une martyre chrétienne. Si on vous le rappelle, vous distinguerez dans cette âme, pourtant si simple, le patriotisme qui est sublime, et la foi, où vous ne verrez qu'une folie. Séparer dans le débat ce qui fut inséparable dans la réalité, confondre ce qui est distinct, c'est le triomphe de la polémique et le procédé favori des partis.

La presse française, qui vit de polémique et n'a jamais su se dégager des partis, ne contribue pas médiocrement à arranger l'histoire au gré des passions. L'éducation commence à l'y aider, à préparer les citoyens de l'avenir à la lecture des journaux. Il est peu d'historiens qui ne se sentent obligés de dire tout, ou presque tout, de mentionner les services, les bienfaits, les circonstances atténuantes, à côté des fautes et des crimes. L'étude du passé, quand elle est sincère et complète, est une école d'indulgence. Elle nous apprend que les francs scélérats sont aussi rares que les héros sans tache, que les institutions ne s'établissent pas sans cause, et ne durent pas sans mérite, que la fraude et la violence n'obtiennent pas par elles-mêmes de longs succès. Mais, si l'historien véritable est un juge impartial, et en somme bienveillant, les allusions historiques sont arbitraires. On prend ses armes où l'on veut, et les lecteurs, qui sont presque toujours ou prévenus, ou ignorants, ou inattentifs, ou tout cela ensemble, finissent par ne voir et ne savoir que ce qui flatte leur passion, que ce qui entretient leur haine.

Il semble que les partis puissent secouer assez facilement le fardeau de ces responsabilités éternelles, en n'acceptant le passé que sous bénéfice d'inventaire. Pourquoi nous rendre solidaires des erreurs ou des méfaits de nos aïeux, de nos devanciers, de ceux qui ont soutenu notre cause par des moyens que nous ne voudrions pas employer, défendu notre doctrine par des arguments dont nous connaissons la faiblesse et dont nous dédaignons le secours? Pourquoi nous enchevêtrer dans les liens d'une tradition gênante et compromettante? Il n'y a que l'Eglise qui soit infaillible, il n'y a que les catholiques qui n'aient pas le droit de répudier ce qui les embarrasse, et de se laver les mains des crimes d'autrefois. Les partis politiques sont plus libres. Rien ne les empêche de porter la discussion sur le terrain du présent, pour peu que le passé soit trop difficile à justifier. Il en est ainsi dans les pays où l'on ne se dispute le pouvoir que dans l'enceinte de la Constitution. En Angleterre, les whigs ou libéraux et les tories ou conservateurs opposent des programmes aux programmes; les whigs ne passent pas leur temps à parler des horreurs du moyen-âge et des assises sanglantes, ni les tories à pleurer Charles Ier et à flétrir Cumberland, le boucher de l'Écosse. En Amérique, les républicains et les démocrates se font une guerre plus violente qu'acharnée, où l'amour du pouvoir a plus de part que la haine et la vengeance. Et que pourrait-on venger? On se querelle assez brutalement, mais on ne se jette pas à la tête des cadavres séculaires.

En France on ne sait pas, on ne veut pas se dégager de la tradition. Les partis s'obstinent à prendre l'histoire pour champ de bataille, ou plutôt pour arsenal, parce que chacun s'exagère le mérite de ses ancêtres, et ignore ou se dissimule leurs défauts. On aime mieux ergoter sur le droit que de discuter sur l'utile ; on parle bien plus de la racine des systèmes que de leurs fruits. Les républicains eux-mêmes, qui ont pour eux le double avantage de la possession et de la raison abstraite, mettent leur amour-propre à défendre les moins défendables de leurs devanciers : les plus doux se refusent à condamner les massacres de septembre ; les plus humains sont pleins de tendresse pour le tribunal révolutionnaire. A plus forte raison les royalistes se croient-ils obligés de vanter l'ancien régime, qu'ils ne songent pourtant pas à rétablir, et dont l'apologie imprudente les expose à des objections irréfutables, à de terribles récriminations. Aussi la polémique a-t-elle chez nous l'air d'une vendetta de plume et de parole. Nous ne discutons pas, nous requérons ; nous ne pesons pas des arguments, nous énumérons des forfaits. Au lieu de ressembler à des associés qui délibèrent avec chaleur sur des intérêts communs, nous ressemblons à des peuples différents que la force aurait juxtaposés sur le même territoire, et qui chercheraient à s'exclure, à se bannir, à s'exterminer les uns les autres.

Deux choses favorisent en France le développement et l'exploitation de la haine : l'absence d'un public neutre, et la séparation absolue des partis.

A l'exception de la Belgique, il n'existe peut-être aucun pays où l'on trouve aussi peu de juges et de témoins. Il y a bien des indifférents par ignorance ou par nonchalance ; mais tous les Français qui s'occupent de politique sont enrôlés. Au besoin ils changent de bannière, mais ils ne sauraient s'en passer. Il n'y a pas d'arbitres, il n'y a que des combattants. Or ce sont les arbitres qui modèrent les combattants et contiennent les vainqueurs. Ce sont les impartiaux qui, là où ils sont à la fois nombreux et attentifs, empêchent les excès, ou les punissent en tournant le dos aux violents. Ils forment l'opinion; ils tiennent la balance; ils protègent les faibles; comme le chœur de la tragédie antique, ils avertissent les forts de l'inconstance de la Fortune; plus puissants que le chœur, ils exécutent leurs propres arrêts. Ils ne disent pas aux politiciens : « Nous sommes avec vous, ne craignez rien »; mais : « Nous sommes avec vous tant que vous aurez raison, et pas plus loin. »

C'est faute de ce tiers parti que les partis militants poussent leur victoire et leurs fautes jusqu'au bout, jusqu'à ce qu'ils se déchirent eux-mêmes, ou provoquent la désertion de la masse qui les a trop longtemps soutenus, et qui ne les juge qu'après les avoir aidés à se perdre. C'est pour cela que nos gouvernements reconnaissent leurs erreurs trop tard, et que le corps électoral condamne les favoris qu'il a enivrés au lieu de les éclairer. C'est pour cela enfin que la haine n'est pas refrénée par la pudeur qu'impose toujours la présence de témoins impartiaux. Nous nous échauffons sous le harnais, et il n'y a personne pour nous refroidir. Si nous crions, nous ne choquerons que nos adversaires, qui crient aussi fort; si nous sommes injustes, nous ne serons redressés que par des gens dont l'injustice est égale et contraire à la nôtre. Si nous mentons, nous ne serons démentis que par des critiques dont la contradiction même est à nos yeux le signe de la vérité, et qui ne seront jamais de notre avis, quoi que nous disions. S'il n'y avait dans le monde que deux peuples, et qu'ils fussent en guerre, la guerre serait féroce, et le vainqueur serait impitoyable, faute de neutres. Or, dans la bataille des partis, la France manque de neutres.

Une des causes qui modèrent en Angleterre la lutte des partis, c'est qu'elle n'a rien de commun avec une lutte de classes ou de races. Il y a dans les deux camps des grands seigneurs, des bourgeois et des artisans. Les adversaires se connaissent, se coudoient, se pénètrent. Rien n'égale l'ignorance où les Français d'un parti sont entretenus à l'égard du parti opposé, surtout dans les villes. Nous ne jugeons nos adversaires que sur des caricatures. Les raisonnables et les modérés sont suspects chez eux, inconnus au dehors ; de loin on ne voit que les violents, et nous nous prenons réciproquement pour des fanatiques. Les Chinois ne sont pas plus étrangers aux Européens que le faubourg du Temple au faubourg du Roule. Même le contact matériel ne produit pas le contact moral. L'aristocratie sociale n'est pas un cadre qui enveloppe la nation comme le cadre d'une armée enveloppe l'armée : c'est une troupe à part. Entre le patron et l'ouvrier, souvent même entre le maître et le serviteur, il y a un fossé, un mur, une montagne. Tout diffère : l'éducation, les intérêts, les idées, les croyances, la langue. Les mêmes faits sont compris et appréciés d'une façon absolument opposée. Les dieux et les saints des uns sont pour les autres des démons. L'expérience et la vie pourraient nous rapprocher, nous rapprochent en effet ; mais nous n'osons juger une classe ou un parti d'après ce que nous en voyons. Nous aimons mieux en croire notre journal. La douceur qui fait le fond de notre caractère, et la politesse qui préside encore à nos rapports privés, nous empêchent de nous entremanger en détail, quand nous nous rencontrons, mais non de nous haïr en gros, d'autant plus cordialement que l'objet de notre haine n'est pas le parti adverse tel qu'il est, mais tel qu'on nous le montre pour les besoins de la guerre. Et nous n'avons garde de vérifier.

Ai-je besoin d'insister sur les avantages qu'un démagogue habile peut tirer de la haine? Cette passion est une de celles qui s'abandonnent le plus à qui promet de les satisfaire ; c'est aussi une des plus aveugles. Quand on mène les hommes par l'intérêt, on ne supprime pas en eux le calcul et la prévoyance ; quand on les conduit par la haine, ils n'aperçoivent plus que l'objet immédiat de leur antipathie ; ils ne craignent ni d'être injustes, ni d'être imprudents, ni de se blesser, ni de se livrer. Ils ne réfléchissent pas, ne marchandent pas, ne comparent pas le sacrifice qu'on leur demande au plaisir qu'on leur offre ; il n'y a pas de commune mesure entre la vengeance et le prix qu'elle coûte. La colère est une ivresse qui marche droit. Aussi convient-il au démagogue de mesurer les effets de ses excitations. On ne peut pas être un tribun à toute heure. On peut lâcher la bride à la haine, tant qu'on est irresponsable, comme le sont les journalistes et les candidats. Une fois qu'on détient une portion de l'autorité publique, il faut être prudent et savoir où l'on va. Heureusement il y a des obstacles; dans une société réglée, la haine est presque toujours impuissante contre les personnes. On peut alors s'en servir comme d'une force contenue, régularisée, canalisée, comme de la vapeur. On ne peut la diriger contre tel ou tel individu; on la dirige contre une classe, un parti, une institution. On rougirait d'en faire une massue, on en fait un bélier.

CHAPITRE VI

L'ENVIE

De tout temps on a reproché à la démocratie de développer et d'exalter la plus triste et la plus basse des passions humaines, l'envie. Il est naturel que l'égalité politique fasse désirer l'égalité sociale, et nous verrons plus loin, quand nous étudierons la doctrine démagogique, par quelle suite de raisonnements les peuples sont amenés à vouloir abattre tout ce qui s'élève au-dessus du niveau moyen. Sous tous les régimes et dans tous les pays, le bonheur des uns excite la jalousie des autres ; mais on rougit d'avouer un tel sentiment, parce que c'est en quelque sorte un aveu d'infériorité, d'impuissance et de méchanceté. Les passions honteuses ne se déchaînent que quand on leur fournit des prétextes honorables. C'est ainsi que le patriotisme, le sentiment religieux, l'amour de l'ordre et l'amour de la liberté donnent parfois à la férocité humaine l'occasion de s'assouvir. On voit alors les cœurs sensibles et tendres se dilater devant le spectacle de la guillotine, les missionnaires de la charité et les apôtres de la philanthropie se complaire en d'horribles massacres, les honnêtes gens professer avec enthousiasme des théories dont rougirait un vulgaire assassin. Ce n'est pas la croyance en un Dieu de paix, ni le zèle pour l'intérêt public, ou pour la grandeur nationale, qui donnent le goût du sang ; ces belles passions ne font que démuseler et lâcher la bête. De même ce n'est pas la démocratie qui engendre l'envie ; elle ne fait que l'ennoblir et la mettre à son aise.

Je ne parle pas de cette envie qui n'est que de l'émulation aigrie, et qui se prend surtout à d'heureux rivaux : « Le potier, dit le vieil Hésiode, porte envie au potier, et le chanteur au chanteur. » Il s'agit ici de l'envie sociale, du sentiment qui anime les petits à l'égard des grands, les pauvres à l'égard des riches, quand les raisons de la grandeur et de la richesse ont cessé d'être visibles, ou ne paraissent pas suffisantes. Dans une société profondément religieuse, la volonté de Dieu explique et justifie les inégalités sociales; les humbles ne se révoltent pas contre les dispensations de la Providence. Il peut aussi arriver que le contraste entre les conditions soit trop complet, trop écrasant, pour que l'on songe même à instituer des comparaisons, à discuter les titres de l'aristocratie. L'envie est comme étouffée par l'impossibilité absolue, évidente, de se satisfaire ; l'impuissance constatée produit la résignation. Là où la hiérarchie des castes est fortement organisée, là où la tradition exerce un empire souverain, l'ordre établi se maintient de lui-même et l'on ne songe même pas à s'en plaindre ; les Hindous sont pour la plupart sincèrement attachés au régime qui les enferme dans des cadres inflexibles, et les plus maltraités ne désirent point s'affranchir d'une chaîne que l'hérédité leur a rendue chère.

Dans la démocratie, et surtout dans la démocratie française, rien ne subsiste de ce qui peut contenir et apaiser l'envie sociale. Le sentiment religieux est affaibli ou ruiné. L'égalité des droits fait souhaiter l'égalité des conditions. La stabilité relative des fortunes ne permet pas aux âmes ambitieuses d'espérer comme en Amérique un enrichissement facile et rapide. Les fréquentes révolutions politiques, qui remettent toutes choses en question, suggèrent l'idée d'un bouleversement total. Enfin, comme nous avons l'habitude de ne point donner de bornes au pouvoir de l'Etat, du législateur, du gouvernement, nous ne voyons pas d'obstacles qui puissent décourager l'envie.

Peut-être viendra-t-il un temps où les lois économiques seront assez solidement démontrées, assez généralement connues pour que même les prolétaires, s'il en reste, sachent que l'appauvrissement des riches n'enrichira jamais les pauvres. Il faudrait pour cela que tout le monde comprît quel rôle le capital accumulé joue dans la production, quelle solidarité fait dépendre la subsistance des uns de la prospérité des autres, quelle décadence enfin attend le peuple qui supprimerait, par le nivellement des conditions, les plus puissants mobiles de l'activité humaine. Nous n'en sommes pas là.

L'envieux se dit : « L'inégalité est injuste. Il est possible, et même facile de la supprimer. Si elle est supprimée, ce sera à mon profit ». Si vous voulez échauffer l'envie démagogique, et vous en servir, vous ne sauriez trop insister sur ces trois propositions, pour les mettre hors de doute, pour les enfoncer de plus en plus dans les esprits et dans les cœurs.

Il faut d'abord étaler et au besoin exagérer la richesse des riches, et l'immensité des avantages qu'elle leur procure. Imaginez un homme opulent; décrivez avec emphase la magnificence de son palais, le luxe de son existence, la puissance infinie que lui assure son or. L'or est un mot magique qui doit tinter dans vos discours ; il doit être admis que tout cède à l'or, que tout s'achète ; plus d'un satirique et d'un moraliste vous fourniront à ce propos des citations classiques. Pour faire sentir l'énormité d'une somme, il existe des procédés dont la banalité n'a pas diminué la valeur. Le meilleur consiste encore à calculer combien de familles pourraient vivre avec la fortune que détient un seul banquier, et dont il ne se contente pas. Cette arithmétique manque rarement d'exciter l'indignation.

Il est bien entendu que vos auditeurs se considèrent presque tous comme des prolétaires. Tel ouvrier qui vous écoute ou vous lit ne sait pas que, par la modération de son travail, par l'aisance relative de sa vie, par les jouissances qu'il se procure à bon marché, il se trouve fort au-dessus de la moyenne de l'humanité. Encore moins se dit-il que ce qui lui manque lui manque peut-être par sa faute, qu'il n'est pas assez laborieux, ou pas assez économe, qu'il aime trop les plaisirs, qu'il écorne trop, du samedi soir au lundi soir, la paye de chaque semaine. D'ailleurs il n'est pas égoïste; quand même il ne serait pas victime des iniquités de l'état social, il n'en serait pas moins indigné.

Corrigez Labruyère, et refaites à votre usage le fameux parallèle du riche et du pauvre. Le riche doit tout au hasard de la naissance ; il ne s'est donné que la peine de venir au monde. Ou bien c'est un patron qui gagne cent pour cent, voire davantage, sur le salaire de l'ouvrier. Le riche est orgueilleux, dur et avide. Il se plonge et se vautre dans toutes les débauches. S'il fait parfois le bien, c'est par vanité, ou par peur, et pour racheter par un sacrifice insignifiant la masse de ses biens mal acquis. Il craint le progrès et la liberté, toujours prêt à se prosterner aux pieds du maître qui lui garantira la tranquille possession de ses trésors. Il est cruel au besoin, implacable dans ses vengeances, et capable de tout quand on menace son Dieu, le veau d'or.

Le pauvre est un vaincu qui a vainement lutté contre la destinée. Ses vertus sont bien à lui ; s'il a des vices, il ne les doit qu'à la fatalité. Est-il ivrogne ou débauché? c'est qu'il a besoin de s'étourdir; paresseux? c'est qu'il est mal nourri ; ignorant? comment aurait-il pu s'instruire? Le plus souvent c'est un père de famille qui ne peut élever ses nombreux enfants, et qui se tue sans parvenir même à leur donner du pain. Ne craignez pas de faire rougir par ce tableau les célibataires vicieux ou fainéants qui vous écoutent et vous applaudissent. Ils sont charmés d'oublier leurs propres fautes et de s'attendrir sur les souffrances imméritées de leurs frères; ils croiront souffrir eux-mêmes et ne l'avoir pas mérité. D'ailleurs chacun s'abîme et se perd dans cet être collectif, le peuple, qui peine et qui a faim, qui est patient, courageux, généreux, trop patient même et trop généreux, qui possède toutes les vertus et supporte tous les maux, éternelle victime de la grande injustice sociale.

Vous avez en effet à prouver que la société est habilement organisée de façon à favoriser le riche aux dépens du pauvre. Et d'abord c'est sur le pauvre que pèse l'impôt. A cet égard votre démonstration sera d'autant mieux comprise que vos auditeurs savent ce qu'ils paient, et le sentent; mais ils ne savent pas ce que paient les riches. Ici un peu de statistique fera merveille. Il ne faut pas dédaigner les chiffres; ils donnent aux plus creuses déclamations un air de profondeur et de solidité. Il est bon d'alléguer les économistes; en gros on les flétrit comme les avocats impudents de la tyrannie plutocratique; mais quand on peut emprunter à l'un d'eux une phrase, un mot qui condamne quelque institution existante, il faut s'en emparer comme d'un aveu que la vérité arrache aux méchants.

Mal réparti, l'impôt doit être encore plus mal employé. Après avoir analysé à votre façon le budget des recettes, décomposez le budget des dépenses. La dette est le fruit des guerres, c'est-à-dire des crimes et des folies monarchiques. Vous n'êtes pas obligé de réclamer la banqueroute; remarquez seulement en passant avec quel zèle les riches ont pris soin de faire passer la rente pour sacrée. Dans tout le reste, faites ressortir l'utilité des dépenses publiques pour les riches, leur peu d'intérêt pour les prolétaires. Si vous ne proposez pas l'abolition immédiate des armées permanentes, faites-la du moins espérer. La guerre est peut-être encore à craindre pour une République isolée dans la vieille Europe ; quand le soleil de la démocratie luira pour tout le monde, la fraternité enclouera les canons, rendra les jeunes gens à la charrue et à l'atelier. L'administration, la justice, la police, n'ont-elles pas pour objet principal de protéger les riches? L'instruction est-elle également donnée à tous? Le budget des cultes, s'il existe encore, ne sert-il pas à soudoyer des prêcheurs de résignation et d'obéissance? Parlez des gros traitements, du cumul, des états-majors inutiles, des grosses sinécures, de tout ce qui contribue au gaspillage des finances. Si votre public conclut que la Révolution de 89 n'a servi à rien, ne craignez pas qu'il redemande pour cela l'ancien régime. Il pensera plutôt que la Révolution est à peine commencée, et qu'il reste bien des choses à balayer. N'est-ce pas ce que vous voulez? Vous êtes du côté du manche.

Mais le grand oppresseur, le tyran qui se sert du pouvoir et de l'impôt, de l'armée et de la police, le maître abhorré, c'est le capital. C'est à lui qu'il faut faire la guerre ; c'est lui qu'il faut charger de toutes les iniquités. Les plus francs, du moins en apparence, l'attaquent de front, le condamnent à mort ; je ne vous conseille pas de les imiter. Le socialiste absolu, le communiste, se charge d'une lourde tâche. Il se pose en irréconciliable ennemi de la société, s'interdit d'avance toute transaction. Il ne peut s'enrichir, ni rester riche, sans se rendre suspect. Il se livre aux fanatiques, au lieu de se servir d'eux. Les réactions et les révolutions sont pour lui également dangereuses ; dans les premières il doit craindre le ressentiment des conservateurs ; dans les secondes, la désillusion des foules qui croyaient toucher à la Terre-Promise, et qui se trouvent égarées dans le désert. Il est plus sage de n'assaillir la propriété qu'en détail, et de commencer par les positions les moins défendues. Prenez-vous aux biens de mainmorte, à tout ce qui sent le monopole et le privilège, aux grandes compagnies qui ont obtenu des concessions de l'Etat, et qui ont l'air d'exploiter une portion du domaine public. Vous pourrez même vous borner à critiquer l'impôt, à demander qu'il soit progressif, ou simplement proportionnel. C'est exiger bien peu, mais cela suffit, car la majorité des citoyens se croit toujours lésée. L'impôt touche à tout, et l'on peut mettre dans une loi de finances une révolution plus complète que celle de 93.

Les économistes répliqueront, et tâcheront de vous confondre : comment y parviendraient-ils ? S'ils vous accusent d'ignorance, ils perdront leur temps, car vos juges en savent moins que vous. Si l'on vous oppose l'expérience du genre humain, rappelez-vous que la loi du progrès permet toujours de mettre le passé hors de cause. Si les événements semblent vous donner tort, si les tentatives socialistes diminuent la confiance, ébranlent le crédit, ralentissent le travail, aggravent la misère, ce sont des armes qu'on vous met en main. Tonnez hardiment contre la férocité des riches, qui enfouissent leurs trésors et affament le pauvre pour échapper à de justes revendications. Tant que le courant démagogique est dans toute sa force, les échecs ne font qu'aigrir les cœurs et surexciter la colère. Quels thèmes oratoires vous fournissent vos adversaires ! Comme il est aisé de flétrir leur égoïsme, de dénoncer en eux les ennemis de la République, ou des mercenaires soudoyés par la haute banque et les grandes compagnies, qui sont les Pitt et Cobourg du temps présent ! Quel beau rôle que de plaider la cause des petits, des opprimés, des serfs du travail et des esclaves de l'atelier, contre la féodalité nouvelle, plus tyrannique que l'ancienne ! Tout cela est l'a b c du métier ; j'ai honte de vous donner des conseils aussi superflus ; je ne le fais que pour ne rien omettre. Le premier venu, en pareille matière, sait être tour à tour pathétique et précis, aligner des chiffres et narrer des anecdotes, peindre comme un poète et calculer comme un caissier. Faites comme les autres ; vous n'aurez même pas besoin d'innover par la violence et l'exagération ; on peut redire cent fois la même chose sans lasser l'auditeur ou le lecteur ; cent fois on le laissera plus content de lui-même, plus mécontent de son sort, plus assuré que les lois lui font tort, et qu'il n'a pas son compte.

Sans doute il faut un peu varier l'objet de vos attaques, selon le public auquel vous avez affaire.

Dans les villes vous vous prendrez surtout au capital; dans les campagnes, à l'impôt. Dans les villes vous insisterez sur les chapitres qui manquent au budget des dépenses; dans les campagnes, sur les chapitres qu'il faudrait ôter du budget des recettes. L'ouvrier prolétaire ne craint pas que la dette grossisse, car il n'a pas de rentes, ni que les taxes deviennent plus lourdes, car il se flatte d'y échapper. Le paysan suit d'un œil attentif les variations de sa cote, et se méfie de tout ce qui ressemble à du gaspillage; ce n'est pas monts et merveilles qu'il faut lui promettre : c'est tout simplement la diminution des impôts. Mais on peut lui parler des gros traitements et des gros profits. On peut aussi lui persuader que son travail est mal rétribué, que les détenteurs de la richesse mobilière détournent de l'agriculture les capitaux dont elle a besoin. Dans certaines régions on exploitera la jalousie qu'inspirent la capitale et les villes ; ou bien l'on représentera les grands propriétaires comme des accapareurs. Mais il ne faut pas s'aventurer sans précaution sur ce terrain, car souvent la petite propriété se juge solidaire de la grande. D'autre part la démagogie rurale est trop dépendante de la démagogie urbaine pour songer à la révolte, puisqu'elle reçoit des villes ses journaux, ses candidats et ses idées.

Quelle que soit votre thèse, n'oubliez pas que rien ne sert tant à exciter l'envie sociale que les brusques contrastes et les oppositions tranchées. L'antithèse est le nerf de votre éloquence. Négligez les intermédiaires ; placez sans cesse en présence les deux extrêmes, l'opulence et la misère. Point de milieu entre le palais et le galetas, entre les truffes et le pain noir. Il ne s'agit pas de mettre aux prises des rivaux et des voisins, mais de soulever dans les âmes un sentiment de révolte contre des potentats lointains, contre des satrapes presque inconnus. Il ne s'agit pas d'ameuter la foule des pauvres contre le riche qui passe dans une voiture, ou qui habite le château prochain, besogne grossière, digne des tribuns de carrefour et des démagogues de la borne, mais d'appeler l'état social à la barre de la conscience populaire, et de l'y faire condamner sans appel.

Ainsi s'opère une heureuse transformation de l'Envie. Les anciens en faisaient un sentiment bas et rampant ; ils la personnifiaient sous les traits d'une déesse à l'œil louche, au visage grimaçant, au teint livide ; ils lui donnaient pour emblême le serpent. Maintenant elle porte haut la tête. Elle ne chuchote plus, elle déclame. Elle ne siffle plus, elle tonne. Elle ne jette plus des regards obliques sur le bien d'autrui, elle réclame fièrement sa part. Au lieu de rougir de ses prétentions inavouées, elle a conscience de son droit; au lieu de se blottir dans son égoïsme, elle s'est faite philanthrope; elle a de belles formules et fait de belles phrases ; elle s'intéresse au bonheur du genre humain ; elle plaide la cause des déshérités ; elle pleure sur ceux qui souffrent ; elle flétrit l'avarice et la tyrannie. Elle sème la discorde avec des airs d'apostolat, elle hait avec attendrissement. Elle ne ronge plus les cœurs qu'elle possède ; elle les dilate. Ce n'est plus une furie coiffée de vipères : c'est Némésis, la déesse de la revanche, la sœur aînée de la Justice.

LIVRE III

LA DOCTRINE DÉMAGOGIQUE

LIVRE III

LA DOCTRINE DÉMAGOGIQUE

CHAPITRE PREMIER

NÉCESSITÉ D'UN PRINCIPE

Disons-le à l'honneur de notre espèce : les hommes ont besoin d'une doctrine. L'habitude, le calcul, la colère, tous les intérêts, toutes les passions, peuvent diriger leur conduite. Ils obéissent parfois à un penchant irrésistible, à une impulsion aveugle, sans balancer ni réfléchir. L'acte accompli, ou bien ils se repentent, ou bien ils en trouvent la raison, et cette raison se rattache à tout un ensemble de principes et de théories. La filiation peut être indirecte ; la chaîne peut avoir plusieurs anneaux : elle ne souffre pas d'interruption. Si les soldats obéissent à leur chef, si les fidèles abandonnent au prêtre le gouvernement de leur vie et de leur conscience, du moins le prêtre et l'officier savent pourquoi ils agissent et font agir, le soldat et le fidèle savent pourquoi ils obéissent. S'il suffit d'un proverbe pour déterminer un paysan qui hésite dans une affaire grave, il y a dans ce proverbe toute une philosophie concentrée, le résumé d'une expérience héréditaire. Les folies même et les crimes les plus odieux s'expliquent, se justifient. Il y a le droit de la guerre, le droit de défense légitime, le droit à l'existence. Il y a la morale de la persécution, la morale de la tyrannie, la morale de la terreur. Après avoir tué sa mère, Néron fait plaider sa cause par un Sénèque. Les inquisiteurs sont des docteurs et des saints; les égorgeurs de la Saint-Barthélemy traduisent la pensée d'une Eglise infaillible ; Carrier se dit et se croit l'instrument de la justice.

Les passions exerceraient un empire moins durable si elles ne pouvaient appeler la raison à leur aide, si dans leur duel contre la conscience elles n'étaient pas armées d'arguments. N'est-ce point là la grande supériorité de l'homme? Le lion repu s'endort : l'homme repu s'interroge, s'examine, se démontre son propre droit. Qu'il s'agisse d'un grand crime ou d'une action seulement douteuse, il faut que l'affaire soit discutée, plaidée, jugée dans le for intérieur ; grands ou petits, les coupables tomberaient dans le désespoir ou changeraient de voie, s'ils ne parvenaient à s'acquitter. C'est une loi de notre nature : il ne nous suffit jamais de satisfaire notre passion, si notre conscience n'est satisfaite à son tour. Hâtons-nous d'ajouter que la conscience se contente à moins de frais, prend le change aisément, se nourrit volontiers de viande creuse. La passion exige des réalités ; la conscience accepte des apparences.

Ne dites donc pas : « J'exciterai les passions, et je mènerai les hommes. » Ce n'est pas assez. Il faut aussi des principes, un système de morale et de politique. Il faut que vous assuriez à ceux que vous conduisez la tranquillité d'âme sans laquelle ils se déroberaient bientôt à votre influence. Je vous ai indiqué les procédés que vous aurez à employer dans plus d'un cas particulier pour justifier l'orgueil, la convoitise, la haine, l'envie. Mais il est bon, il est nécessaire de rattacher les cas particuliers à des principes généraux. Ce n'est pas tout d'invoquer les principes ; il faut les posséder, savoir comment on les manie, comment on en déduit les conséquences même les plus lointaines. On s'épargne ainsi bien des contradictions, bien des tâtonnements. On trouve plus vite les arguments utiles et les répliques triomphantes. On acquiert une autorité qui permet d'abréger les démonstrations. Un homme à principes, qui a bien établi sa réputation, se dispense au besoin de raisonner serré ; on le croit sur parole quand il affirme que ses conseils sont conformes aux principes. J'aurai donc fait beaucoup pour votre avenir si je parviens à vous présenter sous une forme claire le catéchisme de la doctrine démagogique.

Cette doctrine doit être simple et facile à comprendre. Car nous avons affaire au suffrage universel, qui discerne mal les nuances, qui ne saurait embrasser un grand nombre d'idées à la fois, ni suivre sans se rebuter une déduction trop subtile. Les protestants et les catholiques prouvent solidement l'autorité de la Bible ou de l'Eglise : « S'il a plu à Dieu, disent-ils, de donner aux hommes une religion, il a dû leur donner en même temps un moyen aisé de ne point s'écarter de la vraie religion. Les occasions de tomber dans l'erreur sont presque aussi fréquentes que celles de tomber dans le péché : Celui qui allume dans nos âmes le flambeau de la conscience aurait-il refusé à notre intelligence une lumière semblable ? Il serait indigne d'un être parfait de ne se révéler qu'aux savants et aux philosophes. Il fait luire le soleil sur les pauvres comme sur les riches ; ne fera-t-il pas luire le soleil de la vérité aux yeux des humbles d'esprit ? Aussi a-t-il placé à jamais le dépôt de la vérité — dans un livre accessible à tous, disent les uns — dans un tribunal dont les arrêts sont partout entendus, s'écrient les autres. Ainsi tous les êtres doués de raison ont à leur portée la règle de la foi et la nourriture de l'âme. »

On peut appliquer à la démocratie un raisonnement analogue. Sans doute, il n'y a ici ni Bible ni pape. La Convention même, à qui l'on accorde souvent l'autorité d'un concile, s'est trop ravisée, repentie, contredite, pour que le recueil de ses décisions serve toujours d'oracle. On devra donc convenir d'un petit nombre de principes, ou mieux d'un principe unique, auquel on puisse toujours remonter, dont on puisse toujours descendre. Dans toute controverse, on s'appliquera à déterminer quelle est parmi les opinions en présence la plus conforme au principe, ce qui sera d'autant plus facile qu'on aura pris soin de simplifier la doctrine.

Ici se présentent quelques objections dont nous

allons débarrasser notre chemin. Il y a des gens, aristocrates de tempérament ou de théorie, qui n'approuvent pas cette simplicité, qui prétendent au cantraire y voir le signe de l'erreur. Divertissons-nous à les écouter.

« Si l'on envisage la politique comme un art, disent ces citoyens malintentionnés, on avouera que c'est un art délicat, qui ne saurait s'acquérir sans apprentissage. La médecine, qui s'occupe de la santé et de la maladie du corps humain, n'est exercée que par des hommes en qui l'expérience est unie au savoir. Tout le monde, il est vrai, parle de la médecine, et prétend à l'occasion s'y connaître ; cependant les diplômes et les chaires ne se donnent pas encore au suffrage universel ; on fait encore une distinction entre les charlatans et les hommes de l'art. Le corps social est une machine bien plus vaste et plus complexe, d'autant plus difficile à bien gouverner qu'ici la maladie se cache souvent sous les dehors de la santé, et que les plus atteints sont les moins avertis.

« Mais considérons plutôt la politique comme une science ; si l'art applique les procédés, c'est la science qui fixe les principes, et il s'agit précisément de la recherche des principes. Or tout le monde sait aujourd'hui que les sciences ont fait fausse route tant qu'elles ont suivi la méthode déductive, celle qui consiste à poser des principes simples pour en déduire toutes les conséquences à l'aide de la logique. On a construit ainsi une physique de fantaisie, une chimie romanesque, une astronomie chimérique, une physiologie puérile. Heureusement l'esprit moderne, sous l'impulsion de Bacon et de Galilée, s'est frayé une autre voie. Il a rompu avec les préjugés, les autorités, les systèmes ; il a dit adieu à la métaphysique, à la scolastique, au syllogisme. Il s'est mis à observer, à expérimenter, rassemblant des faits à foison, les rapprochant, les comparant, les combinant avant de rien conclure ; avançant pas à pas, n'usant des hypothèses que provisoirement ; toujours prêt à reconnaître ses erreurs, à faire entrer les faits nouveaux dans le cadre des lois admises, et renonçant aux lois plutôt que de faire violence aux faits. Sans doute on arrive ainsi à croire que la nature est gouvernée par des principes simples, qu'un petit nombre de forces, peut-être même une force unique, suffit à produire l'infinie diversité des effets. Mais c'est là le dernier mot de la science, le but entrevu plutôt qu'atteint, la conclusion suprême. La méthode scolastique prend pour le point de départ de la science la détermination des principes, qui en sont le point d'arrivée selon la méthode moderne. Or il paraît que la politique, même quand elle s'arroge l'épithète de scientifique, en est encore à la scolastique et au moyen âge. Vous vous croyez des hommes de progrès ; vous vous traînez sur les pas de saint Thomas d'Aquin. Ce n'est pas *baroco* et *baralipton* qui égaraient nos pères ; c'est leur manie de raisonner à contre-sens, de partir de l'inconnu et de l'universel pour arriver au connu et au particulier, de définir les objets avant de les étudier, et d'argumenter au lieu d'observer. Vous vous moquez d'eux, et vous les copiez. Au lieu de construire la science du gouvernement sur les mêmes bases que les autres sciences, vous en faites une sorte de théologie mystique, avec son Evangile, ses Pères et ses Docteurs. Vous ne vous refusez même pas le plaisir d'excommunier les hérétiques, et de chasser de l'Eglise quiconque se refuse à embrasser vos dogmes sur la foi de vos conciles. »

J'aime à croire que vous commencez à connaître assez bien l'esprit de votre rôle pour que ces objections ne vous intimident pas. J'admets qu'elles vous troublent un peu dans le silence du cabinet, et qu'elles vous forcent à réfléchir pour votre propre compte ; mais vous n'aurez aucune peine à confondre quiconque vous chercherait en public une si mauvaise querelle. Il vous suffit de répondre que si la politique est une science à faire, et une science qui restera longtemps encore complexe et difficile, il faut bien en attendant que les sociétés vivent, et qu'elles se gouvernent. Qui donc peut mieux gouverner le peuple, que le peuple lui-même? Faut-il qu'il abdique tous ses droits au profit de l'Institut et de la Sorbonne? Sous cette objection spécieuse, qui ne tend, en réalité, qu'à semer le scepticisme et le découragement dans les âmes scrupuleuses, on reconnait les éternelles prétentions du parti aristocratique. Cet ennemi si souvent vaincu, toujours renaissant, n'ose plus combattre sous le costume théocratique, ni sous l'armure féodale, ni même sous le déguisement censitaire; il prend maintenant le masque de la science. Battu dans ses temples, dans ses palais, dans ses comptoirs, il se réfugie au collège; il se fait pédant, endosse la robe et brandit la férule, comme si le suffrage universel n'était qu'une bande d'écoliers !

Vous voyez que ce thème est commode et facile à développer ; il est si agréable de plaider devant un tribunal la compétence de ce tribunal. C'est le peuple qui vous juge, et vous avez à lui prouver qu'il est bon juge. Mais il ne faut point vous contenter de cette rhétorique. Poussez plus vigoureusement votre adversaire. Dites-lui que la politique n'est ni une science, ni un art, mais une partie de la morale. Pour discerner le juste et l'injuste, l'homme n'a qu'à descendre en lui-même, et qu'à interroger sa conscience. Est-ce qu'on a besoin de pâlir sur les recueils de jurisprudence pour savoir ce que c'est que le droit et le devoir? Que les savants cherchent leur route à tâtons, et s'épuisent à découvrir une boussole ; le vrai démocrate a son étoile polaire, immobile dans un ciel sans nuage : la Justice.

Une fois le principe posé, vous n'aurez qu'à vous abandonner à la logique, comme une barque au fil de l'eau. La politique est pour vous affaire de sentiment ou de raisonnement, non d'observation. Ce n'est pas autour de vous qu'il faut regarder pour dérouler la longue chaîne des conséquences, c'est en vous. Mettez de la géométrie dans votre éloquence ; établissez des définitions ; promulguez des axiomes ; démontrez des théorèmes avec leur cortège de corollaires. Cet air de précision et d'exactitude charme les esprits français. En d'autres pays, on rougit de n'être pas pratique ; chez nous on ne rougit que de n'être pas logique. Ne craignez pas que cette rigueur vous gêne, et vous oblige à admettre des conséquences fâcheuses. Il n'y a rien de si accommodant que la raison pure. Il faudrait ignorer l'histoire de l'esprit humain pour ne pas savoir combien l'intérêt est fécond en sophismes ingénieux, combien il est aisé de plier le syllogisme à tous les usages, et de pétrir à volonté des systèmes qui ont une apparence de granit. La philosophie offre plus d'un exemple de cette souplesse des idées ; mais les théologiens surtout ont montré jusqu'où va la complaisance des principes. Il est à remarquer que les casuistes les plus dévergondés sont précisément ceux qui se piquent le plus de raisonner à la façon des géomètres ; leurs livres offrent sans cesse le pompeux étalage d'une logique scrupuleuse.

Ainsi la méthode déductive ne vous sera jamais un obstacle. Or elle vous rendra l'inappréciable service de vous débarrasser des faits. C'est ici que se manifeste toute la supériorité de la démagogie sur les autres professions. La plupart des hommes sont esclaves de la réalité. Leurs bévues éclatent aux yeux. L'agriculteur qui récolte une faible moisson sur un sol fertile, aura beau prouver qu'il connaît à fond la chimie et la botanique ; on estimera toujours qu'il n'est qu'un ignorant. Le négociant qui fait faillite ne se réhabilite pas par des phrases et des raisonnements. L'ingénieur qui voit une crue emporter son pont, l'architecte dont la maison s'écroule, perdraient leur temps à déclamer contre la faiblesse des matériaux et la perfidie des éléments. Un général battu conserve malaisément la confiance de son gouvernement. Il est difficile à un médecin d'élargir sa clientèle en tuant ses malades, et ce n'est que dans les procès politiques, que les causes perdues grandissent les avocats.

Pour vous, tant que vous saurez plaire, vous n'aurez aucun échec à redouter ; rien ne vous nuira. Ce ne sont pas les événements qui jugent la doctrine ; c'est la doctrine qui juge les événements. Il n'y a rien de plus rare qu'un homme d'Etat qui avoue une faute ; cela se voit tout au plus deux ou trois fois en un siècle. Pourtant on découvre sans peine les erreurs de ceux qui se piquent surtout de réussir. Les praticiens de la politique sont responsables de leurs conseils et de leurs actes. L'homme à principes brave la Fortune. Ce n'est pas à lui qu'on se prend de ses revers, mais à la méchanceté de ses ennemis. Ses défaites même peuvent être les degrés de sa grandeur, en excitant chez ses partisans une indignation qui va jusqu'au fanatisme. Quand le peuple est bien endoctriné, la résistance des hommes et des choses ne le décourage pas, ne l'éclaire pas : elle l'irrite. Sous le régime parlementaire, quand les affaires du pays vont mal, le parti qui est au timon ne tarde pas à être renversé. Dans la démocratie pure, les déconvenues des tribuns leur servent de prétexte pour accroître leurs prétentions, pour réclamer un pouvoir plus absolu. Ils ne sont jamais plus près de la dictature que quand ils ont mis l'Etat à deux doigts de sa perte. Sans doute il ne faut pas abuser de l'entêtement populaire : il arrive parfois que l'instinct de la conservation l'emporte sur les passions les plus vives, et que le peuple poussé à bout se dégoûte à la fois de la doctrine et des docteurs. Mais on peut le mener fort loin sans qu'il se révolte contre ses guides, et l'animer contre les obstacles où il se heurte, surtout en matière économique. Quand une politique imprudente paralyse le travail et multiplie la misère, il y a beaucoup de chances pour que la multitude, au lieu de prendre les démagogues en défiance, prenne les riches en haine. Rien n'a plus accéléré la Révolution que les maux qu'elle a d'abord causés.

S'il est facile de ne tenir aucun compte de l'expérience présente, il est encore bien plus aisé de dédaigner absolument l'expérience passée. Il faut se servir de l'histoire, parce que les exemples historiques nourrissent l'éloquence et donnent du corps aux développements oratoires; mais on doit considérer l'histoire comme une servante, et non comme une maîtresse. Car vous avez affaire à des juges peu érudits et fort passionnés, partant crédules. D'ailleurs votre principe est la recherche d'un idéal, et l'idéal est devant vous, non derrière vous. Le temps n'est plus où les hommes invoquaient sans cesse la sagesse de leurs pères; quand nous faisons intervenir nos pères dans la discussion, ce n'est que pour alléguer leur folie, et la nécessité de ne point leur ressembler. Il n'y a guère que trois ou quatre années qui fassent exception sur tant de siècles. Avant le 14 juillet 1789, après le 9 thermidor an II, la France a toujours été gouvernée, sinon en dépit du bon sens, du moins en dépit des principes.

Un idéal placé trop près de nous ne mériterait pas ce nom; il en faut un qui soit assez lointain pour charmer l'imagination, pour enflammer les cœurs, et surtout pour rester inaccessible. La politique au jour le jour, qui fleurit chez certains peuples, n'a rien de commun avec la grande politique démocratique. En Angleterre, on a vu des agitateurs donner tout simplement pour but à leurs efforts l'abolition de l'esclavage ou l'établissement du libre échange. L'esclavage aboli, le libre-échange proclamé, il faut donc se reposer, ce qui est ennuyeux, ou chercher un autre mot d'ordre, ce qui peut être difficile. Chez nous on vise plus haut et plus loin. Il en résulte qu'on peut tenir l'attention publique éternellement en haleine, et qu'on ne peut jamais être convaincu de faire fausse route. Si vous n'aspiriez qu'à mettre le budget en équilibre, on vous prouverait aisément que vous prenez un mauvais chemin ; mais quand vous annoncez le dessein de conduire le genre humain au Paradis terrestre, qui donc serait en état de démontrer que vous tournez le dos à votre but ?

Ne croyez pas que je condamne pour cela ce qu'on appelle la politique opportuniste ou la politique des résultats. Les hommes qui se qualifient ou qui se laissent qualifier d'opportunistes peuvent fort bien rêver, et même faire entrevoir, une transformation complète de la société. La plupart d'entre eux veulent tout changer ; ils se piquent seulement de ne pas tout hanger à la fois. Ce n'est pas par la modération qu'ils diffèrent des révolutionnaires, c'est par la méthode. Et quand ils parlent des résultats, ils n'entendent point par ce mot les progrès du bonheur général, ou de la moralité publique, ou de la grandeur nationale ; il s'agit d'une somme plus où moins grande de changements accomplis dans les institutions et dans les lois. Les démagogues opportunistes se flattent d'être plus pratiques que les autres, parce qu'ils soulèvent moins de questions pour remporter plus de succès. Il est difficile de les en blâmer ; il est injuste de les mettre au rang des hérétiques, parce qu'ils ne prétendent pas imposer tous leurs dogmes d'un seul coup. Le nom même qu'ils reçoivent leur laisse toute la liberté de leurs arrière-pensées, et leurs arrière-pensées ne sont guère cachées.

Il va sans dire que le principe de votre doctrine doit être généreux. C'est assez que l'intérêt gouverne notre conduite ; laissons du moins au sentiment l'empire de notre intelligence. Il faut de belles paroles et de belles idées pour échauffer le dévouement des uns et pour étouffer les scrupules des autres. Plus la politique devient contraire à la morale, plus il importe aux hommes d'État de s'appuyer sur une idée morale. Ce n'est pas seulement de l'hypocrisie ; c'est qu'on a besoin d'un contrepoids, d'une diversion, d'une ivresse. La Terreur eût-elle été possible si l'on eût moins parlé de l'humanité ? Au sortir de cette besogne sanglante, les âmes avaient besoin de se rafraîchir dans la contemplation d'un idéal bucolique. Pour marcher dans la fange sans horreur ni lassitude, il ne faut pas laisser tomber ses regards à ses pieds, mais les attacher aux cimes lointaines qui se perdent dans l'azur. Il faut à tous les partis, mais surtout à la démagogie, un de ces cris de guerre qui emplissent les oreilles et les cœurs, qui ne laissent entendre ni les plaintes des victimes ni les malédictions des vaincus. Les peuples consentent qu'on excite leurs passions, mais ils tiennent plus encore que les individus à conserver leur propre estime. La conscience populaire a d'autant plus le droit d'être satisfaite, qu'elle est peu exigeante, et que souvent un mot lui suffit, pourvu qu'il soit bien choisi, et souvent répété. Religion, patrie, liberté, justice, selon les temps et les races, voilà ce qu'il faut écrire sur votre drapeau, en quelque lieu que vous rêviez de conduire la foule. Si vous ne possédez aucune de ces formules magiques, si vous ne savez pas suspendre à ce clou d'or l'échelle de votre ambition, vous pouvez être un habile homme et un fin politique de cabinet; vous pouvez faire fortune, vous montrer bon courtisan dans une monarchie ; vous ne serez pas un démagogue.

CHAPITRE II

CHOIX D'UN PRINCIPE

Ce n'est pas la religion qui vous fournira le principe de votre doctrine ; elle a trop peu de prise sur les Français d'aujourd'hui. Le catholicisme et la démagogie sont brouillés sans retour ; le temps des Guises ne reviendra plus. La libre pensée a ses fanatiques ; mais leur fanatisme tient à leurs rancunes bien plus qu'à leurs croyances, qui d'ailleurs peuvent être infiniment variables. L'aversion qu'inspire à beaucoup de Français la foi de leurs pères est une passion puissante, mais ce n'est qu'une passion : nous cherchons une idée. D'ailleurs il est à craindre que ce moyen d'action ne finisse par s'user ; on s'en est déjà tant servi !

Le patriotisme est un sentiment plus général et plus durable, dont les hommes d'Etat de la démocratie peuvent et doivent tenir compte. Il a fait merveille en 93, au dedans et au dehors ; tandis qu'il donnait à la France la force de résister à la coalition, il procurait un irrésistible ascendant aux Jacobins qui l'exploitaient contre leurs rivaux. En 1871, le patriotisme exaspéré par la défaite et la capitulation n'a pas peu contribué à provoquer l'explosion de la Commune. Les canons qu'on a tournés contre les soldats de la France avaient été fondus pour tuer des Prussiens. Si une nouvelle guerre éclatait, si nous étions encore vaincus, vous pourriez vous souvenir des sans-culottes d'autrefois, des outranciers d'hier. Mais on ne saurait prévoir toutes les crises qui peuvent survenir, et vous me dispenserez d'insister sur un sujet aussi pénible. La Convention a laissé de grands exemples ; mais en pareille matière l'imitation est dangereuse ; la parodie a quelque chose de répugnant, même pour les gens peu scrupuleux. D'ailleurs l'art de jouer sa tête ne se réduit pas en préceptes comme l'art de faire son chemin. Les Carnot ne sont démagogues que par occasion, et les Saint-Just ne seraient sans doute que des fous furieux si les Carnot leur manquaient.

Il n'est pas impossible de fonder sur le seul patriotisme tout un système de politique : la base serait assez large et assez solide. On adresse plus d'un reproche à la démocratie, et particulièrement à la démocratie française ; mais il n'est pas vrai qu'elle manque de patriotisme. Je ne crois pas que jamais, depuis quatre-vingts ans, cette noble passion ait été chez nous plus vive, plus sincère, plus populaire qu'à l'heure présente. S'il était facile de faire comprendre au peuple toutes les conditions du relèvement de la France et de la sécurité nationale, on prendrait sur lui un bien grand empire, en dépit des efforts impuissants d'une petite secte qui nie la patrie. Beaucoup de gens rêvent la suppression des frontières, mais il en est fort peu qui songent à les supprimer avant de les avoir rétablies : vous m'entendez bien.

Mais la démagogie n'a rien à voir dans cette affaire. Nous cherchons un principe qui s'accommode aux besoins de notre ambition, qui nous fournisse des armes contre nos adversaires et nos rivaux, qui nous permette d'exciter les passions à notre gré. Or le patriotisme n'a point cette vertu. En 1792, quand les émigrés servaient de guides à l'étranger, quand les Prussiens et les Pandours nous envahissaient au nom du roi, l'amour de la patrie se confondait avec la haine de l'ancien régime. Le massacre de septembre n'eût pas été possible sans le manifeste de Brunswick, ni la Terreur sans l'armée de Condé. Maintenant il n'y a plus de guerre civile, plus de parti de l'étranger ; il y a dans notre patriotisme plus de tristesse que de colère.

Je suppose que vous parveniez à chasser de votre esprit toutes les préoccupations, tous les préjugés, toutes les passions qu'enfante la politique, pour ne plus vous poser qu'une seule question : « Que devons-nous faire pour préserver notre pays des dangers extérieurs, pour lui faire reprendre son rang et son bien ? » Voilà un beau sujet de méditation. Mais que voyez-vous de commun entre une pareille recherche et l'ambition personnelle ? Savez-vous si vos découvertes seront de nature à plaire au suffrage universel ? Peut-être serez-vous amené à proclamer des vérités ingrates, à donner des conseils désagréables, à combattre les opinions les plus populaires, à rabrouer les courtisans : au lieu de gagner la faveur du souverain, vous passerez pour un ennuyeux censeur, pour un sermonneur importun. Au lieu de faire appel aux sentiments qui paient de reconnaissance les hommes qui les flattent, vous prêcherez l'esprit de renoncement et la conciliation. Ce n'est pas le moyen de faire fortune.

Assurément le démagogue doit passer pour patriote ; il ne lui est même pas interdit de l'être. Mais il le sera à sa façon. Il effacera de notre histoire tous les siècles qui précèdent la Révolution ; pour lui la France date de 89 : au delà de cette aurore, il ne voit que ténèbres. Le principal objet de sa haine et de sa défiance n'est pas l'étranger, le vainqueur, l'envahisseur, c'est le Français qui pense mal. La haine de l'ennemi étranger nous impose des sacrifices ; la haine de l'ennemi politique nous procure des bénéfices. Ceux qui en veulent à un peuple voisin ont bien rarement l'occasion de se satisfaire, ne l'auront peut-être jamais ; ceux qui en veulent à leurs concitoyens se donnent mille jouissances de détail. On lutte à toute heure contre le parti adverse ; on l'injurie, on le harcelle, on lui inflige toutes sortes de vexations ; tous les jours on légifère, on gouverne, on administre contre lui. C'est une guerre qui coûte peu, qui rapporte beaucoup, qui recommence sans cesse, une guerre d'éternelles conquêtes et de victoires quotidiennes. Chaque matin, en dépliant son journal, on lit le bulletin de la Grande Armée dont on fait partie ; on se couronne de lauriers sans quitter le coin du feu. Pour servir sa patrie, le soldat brave la fatigue, le froid, la faim, la mort ; il quitte son travail, sa maison, ses parents, ses enfants. Il perd son libre arbitre, obéit en silence à des chefs qu'il n'a pas choisis, qu'il tient peut-être pour inférieurs à lui-même, dont il devient l'instrument passif comme le bâton dans la main du vieillard. Pour servir son parti, le citoyen n'a qu'à lire la feuille qui l'amuse et le flatte, qu'à déposer à de rares intervalles un bulletin dans l'urne électorale. Si son dévouement va jusqu'à fréquenter des réunions où on l'encense, jusqu'à crier bravo quand on l'accable de louanges, c'est un homme d'élite. S'il fait partie d'un comité, s'il parle et s'il écrit, il prend rang parmi les héros ; il savoure toutes les douceurs d'une activité sans péril, et peut rêver tous les profits que donne la victoire. Vous voyez bien que le démagogue a cent fois plus de chances de plaire quand il sonne la charge contre l'ennemi intérieur que quand il engage le peuple à porter ses regards au-delà des frontières.

Comme tout le monde, vous vous proposerez pour but la sécurité et la grandeur de votre patrie. Mais vous chercherez la sécurité dans l'application de vos doctrines, la grandeur dans le triomphe éclatant et dans la propagation de vos principes. Nous accordons volontiers à nos amis le monopole de toutes les vertus, y compris les vertus guerrières. Vous vous rappellerez que la Marseillaise a conduit nos pères à la victoire avant de nous conduire à la défaite, et vous vous persuaderez, en dépit de quelques preuves contraires, que les hommes ne se battent bien que sous un drapeau orné de votre devise. Si vous avez une foi vive, de la passion et du savoir-faire, il vous sera aisé d'arranger l'histoire au profit de cette croyance. Voilà pour la sécurité ; quant à la grandeur, chacun la cherche où il veut. D'autres peuples mettent leur amour-propre à étendre leur territoire, à se faire respecter et à se faire craindre : vous direz qu'un pays n'est grand que par les idées qu'il représente, que le rôle de la France est de fournir un modèle à l'humanité, de marcher à l'avant-garde sur la route du progrès, j'entends du progrès politique et social. Car l'honneur d'appartenir à une nation qui produit de grands savants, de grands écrivains et de grands artistes ne nous flatte qu'indirectement, tandis que nous sommes personnellement fiers d'éclairer le monde par nos lois et nos actes publics. Dans les choses de l'esprit, nous n'avons qu'un reflet de la splendeur d'autrui ; dans les choses de la politique, chacun de nous est un rayon du faisceau lumineux.

Ainsi le patriotisme même nous ramène à la recherche d'un autre principe. Relisons donc la devise que nous ont léguée les grands hommes de la Révolution. Trois mots y sont inscrits ; c'est entre ces trois mots que nous devons choisir.

Ecartons d'abord la fraternité. C'est un terme vague, sentimental, dont les religions ont abusé, qui a surtout le tort grave de nous rappeler un devoir, et non un droit. Restent la liberté et l'égalité.

Ici le choix paraît difficile et l'on est tenté de s'en dispenser. Ne peut-on vouer à ces deux déesses un culte également fervent ? Est-il donc vrai qu'on ne puisse servir deux maîtres ? Les Etats-Unis nous offrent l'exemple d'un peuple qui ne sacrifie ni la liberté à l'égalité, ni l'égalité à la liberté. Si le tempérament français ressemblait à celui des Yankees, si nous avions les mêmes traditions, il ne serait sans doute pas nécessaire d'opter. Mais notre situation est bien différente, et j'estime que le démagogue français, tout en protestant de son zèle pour la liberté, doit cependant fonder sur le seul principe de l'égalité tout son système de doctrines politiques et sociales. Brûlez le même encens sur les deux autels, mais sachez d'avance sur lequel des deux vous offrirez des sacrifices.

Nous avons déjà remarqué que les Français se sont pendant de longs siècles habitués à regarder le gouvernement comme une Providence, et à tout attendre de lui; le pouvoir royal s'était affermi chez nous à mesure qu'il s'affaiblissait chez nos voisins d'outre-Manche. Ce qui coule de sang latin dans nos veines contribue à nous donner le goût de l'ordre et de l'unité. La sociabilité même de notre race nous porte à exercer et à subir une intervention fréquente dans les actes de la vie privée. On a pu appeler le catholicisme une grande école de respect : peu de gens y ont vu une grande école de liberté. Or l'influence morale de la religion survit à son empire, comme l'influence de l'éducation s'étend bien au-delà des limites de l'enfance, même chez les hommes qui se croient le plus émancipés. Les révoltés sont toujours jusqu'à un certain point les élèves de ceux dont ils secouent le joug.

Les philosophes du XVIIIe siècle, dans leur zèle pour

le bonheur de l'humanité, faisaient volontiers appel au pouvoir. La plupart souhaitaient, non le renversement, ni même la diminution de la royauté, mais l'avènement d'un roi éclairé, servi par des ministres dignes de lui. Le grand Frédéric, la grande Catherine, l'empereur Joseph II, recherchèrent et obtinrent le suffrage des écrivains de notre pays par leurs flatteries ou par leur activité réformatrice, en travaillant ou en feignant de travailler à affranchir leurs peuples de la superstition, de l'ignorance et de la misère, non en posant des limites à leur propre pouvoir. Les hommes d'Etat à la mode, Pombal, Choiseul, Aranda, furent des hommes de progrès, non des hommes de liberté. En général, les philosophes français vécurent en bonne intelligence avec tous les souverains absolus, à l'exception de celui qui régnait sur eux.

Rousseau fut un républicain et un démocrate, mais son *Contrat social* établit la domination de la majorité. Le peuple qu'il rêve est un peuple d'égaux, ce n'est pas un peuple d'hommes libres. Ce grand homme ne paraît pas avoir beaucoup étudié les Anglais; de son temps les Américains étaient presque inconnus; on ne savait pas que les colonies britanniques offraient déjà des modèles de gouvernement libre sous la suprématie de la métropole. Jean-Jacques connaissait mieux Genève; or Genève ne fut jamais un foyer de liberté. Il admirait les anciens; mais les Grecs et les Romains, si jaloux de l'indépendance de leurs cités, et souvent fanatiques de l'égalité, firent toujours bon marché de l'indépendance des individus. Or les Grecs et les Romains servirent de modèle aux meneurs de la Révolution bien plus que les Anglais ou les Américains, les Hollandais ou les Suisses.

L'ancien régime ne violait pas moins la liberté que l'égalité : pourquoi la Révolution ne prit-elle pas le contre-pied du despotisme aussi bien que de l'aristocratie? La déclaration des droits de l'homme et les premiers actes de la Constituante semblaient également favorables aux deux principes. Cependant on constata de bonne heure que l'esprit nouveau tendait à déplacer le pouvoir plutôt qu'à le diminuer. On introduisait partout l'élection, mais l'élection n'est pas tout : il y a des tyrans élus. On se jetait dans la décentralisation : il y a des tyrannies locales. On ôtait l'autorité au roi et à ses agents pour la donner au peuple : il y a des tyrannies populaires.

En haine des anciennes corporations ouvrières, qui étaient des monopoles, et des corporations monastiques, qui étaient des prisons, la Constituante méconnut, proscrivit même la liberté d'association. Pour assurer le succès d'une entreprise chimérique, la Constitution civile du clergé, elle restreignit la liberté de conscience et en prépara la suppression absolue.

La résistance de la royauté, du clergé, de la noblesse, la guerre étrangère et la guerre civile, devaient porter un coup funeste à la liberté naissante. On continua d'en parler, de l'aimer, de croire qu'on mourait pour elle. Mais à la frontière, c'était l'indépendance nationale qu'on défendait ; à l'intérieur, c'était surtout l'égalité. Les Français étaient assurément moins libres sous la Convention que sous Louis XIV. On avait remplacé le billet de confession par le certificat de civisme, et le civisme se prouvait par un changement de mœurs et d'habitudes si complet que jamais peut-être aucun peuple n'en a rêvé de tel, même dans la fièvre d'une réformation religieuse.

La Terreur devait amener une réaction. Sous le Directoire les institutions furent en somme assez libérales ; mais que servent des lois libérales sous un régime de coups d'Etat ? Le Directoire déconsidéra la liberté par ses faiblesses comme par ses violences. Il prépara le Consulat et l'Empire. Ce serait perdre son temps que de rappeler tout ce que fit Bonaparte pour le rétablissement du pouvoir absolu. Sa tyrannie fut à la fois plus supportable et plus savante que la Terreur. La Convention avait eu la fièvre, et l'avait donnée : la fièvre ne dure pas. Bonaparte créa une machine administrative si complète, si ingénieuse, qu'on n'a jamais eu le courage de la briser, et que tous les gouvernements s'en sont servis les uns après les autres. On a dit que Louis XVIII s'était couché dans le lit de Napoléon ; on en peut dire autant de la Monarchie de juillet, de la seconde République, du second Empire, de la troisième République.

Pendant cette longue série de révolutions, les atteintes portées à la liberté furent plus graves, et causèrent moins d'indignation que les atteintes portées à l'égalité. Le gouvernement de la Restauration se fit plus de tort par ses velléités aristocratiques que par ses mesures les plus rigoureuses. Depuis 1789 on n'a pu reconstituer aucun privilège de race ; depuis 1848 il n'y a plus de privilège de fortune. Tandis que le clergé forme toujours un corps dans l'État, se défend encore, passe quelquefois à l'offensive, il y a longtemps que la noblesse n'est plus qu'un souvenir, ou qu'une institution mondaine ; elle n'a plus de poids que dans les salons.

Il est vrai que les libertés politiques ont été très-chaudement défendues et revendiquées. L'opinion publique s'est enflammée pour la presse, s'est intéressée au droit de réunion, même au droit d'association. Mais ce dernier n'a jamais été conquis. L'enseignement à tous les degrés est resté soumis à une multitude d'entraves et de servitudes. Les successions sont réglées par des lois minutieuses qui enchaînent le père de famille et dépouillent les mineurs au profit du fisc et des avoués. Malgré l'exemple des États-Unis, la négation de la liberté de tester est encore regardée comme un des dogmes essentiels de la démocratie.

Ce qui a beaucoup nui à la cause de la liberté, c'est que ses champions de la veille sont trop souvent devenus ses adversaires du lendemain. Quelques philosophes restent fidèles à leurs doctrines, mais les partis les plus ardents à réclamer toutes les libertés dans l'opposition ne sont pas les moins prompts à les restreindre dès qu'ils touchent au pouvoir. La fameuse Union libérale, qui combattit si vigoureusement l'Empire, s'est assez piteusement dissoute, et quelques-uns de ses membres les plus distingués ont embrassé avec une rare désinvolture les traditions les plus décriées de l'administration impériale. Ce revirement semble être dans la nature des choses, et cependant il ne se produit pas dans tous les pays. M. Gladstone au pouvoir ne devient pas conservateur. C'est qu'en France la guerre n'est pas seulement entre deux méthodes de gouvernement, mais entre la République et la Monarchie. En Angleterre la vie politique est une lutte de systèmes et d'idées ; chez nous c'est une lutte de drapeaux. Un libéral anglais qui cesse d'être libéral est un transfuge ; un libéral français risque précisément d'être qualifié de transfuge, d'apostat, de renégat, s'il tient à ses doctrines quand son parti a gagné la bataille. Il faut changer de langage pour ne pas changer de parti. Aujourd'hui ce sont les monarchistes qui parlent le plus de liberté. On les accuse d'inconséquence et de versatilité ; mais leurs accusateurs s'exposent naïvement aux mêmes reproches.

Ce n'est pas en un jour que les hommes se résignent à remplacer ainsi une devise par une autre, à se défier des formules qu'ils ont le plus contribué à mettre en vogue, à traiter de chansons et de guitares les maximes pour lesquelles ils auraient naguère versé leur sang. L'évolution est plus lente ; on n'en a pas toujours conscience. La possession du pouvoir convertit peu à peu les libéraux, comme elle corrompt peu à peu les honnêtes gens. On commence par se flatter d'une noble constance, et l'on se met en devoir de tenir ses promesses. Les obstacles où se heurte cette bonne volonté ne tardent pas à la refroidir. Il y a beaucoup de dévouements à payer, et de rancunes à satisfaire. Chose surprenante, la victoire affaiblit souvent les courages que la défaite avait irrités. On était plein d'audace dans l'offensive; on devient timide quand on n'a plus qu'à se défendre. A peine l'adversaire est-il terrassé : on le trouve plus redoutable que quand il était debout, comme Henri III qui s'écriait à la vue du cadavre du duc de Guise : « Je ne le croyais pas si grand. »

Les partis ne meurent pas si vite que les hommes. Les vaincus aspirent à la revanche, et la prédisent ; ils se montrent arrogants pour dissimuler leur faiblesse ; ils se vantent, et on les prend au mot. L'opposition a chez nous tant de prestige que nos ennemis commencent à nous faire peur le lendemain du jour où nous les avons chassés du pouvoir. D'ailleurs leur obstination blesse notre orgueil d'apôtres : que ne se laissent-ils convertir ? Leur persistance à lutter leur donne un air de rébellion; il faut entendre de quel ton les anciens champions de la liberté parlent de la révolte. La révolte n'est peut-être pas le plus grand des crimes : c'est à coup sûr celui qu'on tient le plus à punir. Nous pouvons être humains, généreux et même justes, tant qu'il ne s'agit que de conquérir des lauriers : nous devenons impitoyables pour qui nous empêche de dormir sur les lauriers conquis.

Si vous ne vous préoccupez que de la liberté, vous serez contraint de renoncer à la rancune et à la haine, deux passions qui rendent tant de services à la démagogie. Vous devrez prêcher le respect des droits d'autrui : ce n'est pas le moyen de plaire. Vous perdrez ainsi tous les avantages que vous assurent nos longues révolutions, le souvenir des luttes récentes, le ressentiment des blessures réelles ou imaginaires infligées par les gouvernements déchus aux hommes qui ont acquis le plus de titres à la faveur du peuple. Le peuple est un souverain ; c'est manquer d'habileté que de lui rappeler trop souvent les limites de son droit. Les minorités sont des collections de sujets en disgrâce ; à plaider leur cause on se rend aisément suspect.

Le culte de la liberté est donc une religion gênante, quand elle est trop sincère. Ce n'est pas seulement parce que nous sommes Français qu'il est sage de chercher un autre Dieu. La démocratie pure est naturellement peu favorable à la liberté, parce qu'elle est un gouvernement sans contrepoids. L'exemple de l'Amérique ne prouve pas la fausseté de cette maxime, car la démocratie américaine s'est développée dans des conditions exceptionnelles. Dans une république fédérale, les minorités sont plus respectées, parce qu'elles ne sont pas minorités partout. La faiblesse et la discrétion du pouvoir central laissent plus de jeu aux pouvoirs locaux, et même aux individus. Par un heureux hasard, il se trouve qu'aucune religion n'est dominante aux Etats-Unis, sans que les libres penseurs y soient assez nombreux pour rêver la domination. D'autre part, le besoin d'égalité y est satisfait par la facilité avec laquelle on y fait fortune en partant de rien : dans ce pays encore neuf, où il y a tant de places à prendre, l'envie n'est pas exaspérée par l'impuissance.

Enfin la liberté n'ouvre pas à l'imagination populaire des perspectives assez vastes. Dans cette voie, le progrès est limité. On sait ce qu'on veut; chaque conquête restreint le champ d'action des ambitieux. On arriverait même assez vite à ne plus rien désirer. Alexandre se plaignait que le monde fût trop petit ; le monde de la liberté est trop petit pour les conquérants de la démagogie. Tout programme libéral manque de vague. Nous verrons, au contraire, que la recherche de l'égalité offre à qui s'y jette une carrière indéfinie, des horizons qui reculent à souhait. Pour mener les hommes très longtemps et très loin, montrez-leur un but mobile et fuyant, et faites en sorte que chacun de leurs pas irrite en eux le désir d'arriver. Les grandes passions doivent être insatiables.

CHAPITRE III.

L'ÉGALITÉ POLITIQUE

Le suffrage universel est la base de nos institutions ; personne ne le conteste, et ceux même qui se plaignent ou s'effraient de la domination du nombre ne se flattent guère de nous ramener au suffrage restreint. Mais le suffrage n'est pas seulement universel, il est égal : tous les bulletins ont la même valeur. La loi électorale ne fait aucune différence entre le riche et le pauvre, entre le savant et l'ignorant, entre le père de famille qui représente une dizaine d'âmes, et le célibataire isolé qui ne représente que lui-même. Cette égalité nous paraît toute naturelle ; elle n'est cependant pas forcée. Les plus anciens législateurs de Rome avaient trouvé le moyen de concilier la prépondérance des citoyens riches avec l'universalité du suffrage. Tous les votes étaient comptés, mais tous ne pesaient pas du même poids.

Rien de plus contraire à nos idées modernes que cette sorte de démocratie censitaire. Aussi ne parlerons-nous pas de toutes les combinaisons qu'on peut imaginer pour donner plus de valeur aux suffrages d'une catégorie de citoyens. Mais il est un genre d'inégalité qui choque moins, et qui résulte de ce que les circonscriptions électorales ne renferment pas le même chiffre d'électeurs. Si une circonscription possède dix mille citoyens actifs, et l'autre vingt mille, le droit de vote a deux fois autant de valeur dans la première que dans la seconde. Pour éviter entièrement cette anomalie, il faudrait ne tenir aucun compte, dans la formation des collèges, des divisions administratives. En France, tout arrondissement nomme au moins un député ; or il y a des arrondissements dont la population est très faible. Un habitant des Basses-Alpes jouit d'une part de souveraineté deux ou trois fois plus considérable que celle qui appartient à un habitant de la Seine ou du Nord. Le scrutin de liste remédierait à cette inégalité, qui paraît contraire à la nature même des Chambres populaires. A l'égard des Chambres hautes, le législateur se préoccupe moins de rendre tous les suffrages égaux. La Constitution de 1875 fait élire les sénateurs français par les communes bien plus que par les citoyens. Aux Etats-Unis, tandis que chaque Etat envoie à la Chambre des représentants un nombre de députés proportionnel au chiffre de sa population, chacun nomme deux sénateurs. Ainsi l'État de New-York, pour cinq millions d'habitants, a 33 représentants et deux sénateurs. L'Etat de Névada, pour 60,000 habitants, a un député et deux sénateurs. Un Américain du Névada influe donc quatre-vingts fois autant qu'un New-Yorkais sur toutes les décisions du Sénat, c'est-à-dire de la plus puissante des deux Assemblées. C'est que la Chambre représente plutôt le peuple de la grande République, et le Sénat la Confédération des Etats. Aussi la démocratie américaine s'accommode-t-elle sans difficulté de cette apparente bizarrerie.

Il ne suffit donc pas de proclamer le suffrage universel pour établir l'égalité politique absolue. D'ailleurs la composition du corps électoral n'est pas tout. Comment le peuple crée-t-il et dirige-t-il son gouvernement ? L'action populaire peut s'exercer plus ou moins fréquemment, avec plus ou moins de précision et d'énergie. Entre la Constitution impériale, où le peuple n'apparaît que pour se donner un maître, et la constitution d'Athènes, où le peuple légiférait, jugeait, tranchait les questions de paix et de guerre, donnait audience aux ambassadeurs sur la place publique, on peut intercaler une infinité de nuances. Les philosophes ne se lassent d'imaginer des systèmes nouveaux, ni certains peuples de les essayer.

On peut classer les constitutions de plusieurs façons, en se plaçant à divers points de vue. Nous ne parlons pas de la division vulgaire en Etats monarchiques et républicains, aristocratiques et démocratiques, division fondée quelquefois sur l'apparence bien plus que sur la réalité. A y regarder de près, on verrait qu'en dépit des formes extérieures l'Angleterre est une République avec un président héréditaire, et l'Amérique une monarchie avec un roi électif. Nous distinguerons plus utilement les constitutions historiques des constitutions factices, et les constitutions tempérées des constitutions absolues.

Les constitutions historiques sont celles qui naissent graduellement du choc des forces politiques et de la succession des événements. Elles tiennent plus du droit coutumier que du droit écrit. Elles sont souples et constamment variables, quoiqu'elles varient en général sans secousse. Elles résultent d'une lente évolution, qui n'est jamais tout-à-fait suspendue. L'Angleterre seule possède aujourd'hui une Constitution véritablement historique; mais au moyen-âge la plupart des Etats chrétiens étaient dans le même cas. Ce sont les progrès de la monarchie qui en France et en Espagne ont peu à peu substitué le despotisme pur, c'est-à-dire l'absence d'institutions, aux institutions historiques. Avant la Révolution française on trouvait encore en Hollande et en Suisse des exemplaires de ce type suranné, qui ne subsiste plus aujourd'hui, dans toute sa pureté, que chez nos voisins d'outre-Manche. Partout ailleurs les chartes sont écrites, elles ont une date fixe ; elles forment un texte précis qui se modifie par une révision solennelle, et non par une accumulation de précédents. Toutefois, dans certains pays monarchiques, la royauté et l'aristocratie sont encore des institutions historiques, parce qu'elles ne tiennent pas leur autorité et leurs privilèges des lois, mais de la tradition. On peut dire qu'en Prusse, par exemple, le pouvoir exécutif est fondé sur le droit coutumier, et le pouvoir législatif sur le droit écrit.

Quant aux Constitutions artificielles, qu'elles soient rédigées par un homme ou par une assemblée, qu'elles soient le produit d'une révolution ou d'une transaction, elles se partagent en deux classes, selon qu'elles ont pour but de limiter la souveraineté ou de la renforcer. Il y a là deux façons entièrement différentes de penser et d'agir, deux écoles contraires de philosophie politique. Dans la monarchie tempérée, le roi étant considéré comme souverain, les chartes sont faites de restrictions à sa souveraineté. La plupart des articles le contiennent, le gênent, l'entravent. Il recueille les impôts, mais il ne les établit pas. Il sanctionne et promulgue les lois, mais il ne les fait pas. La justice se rend en son nom, mais les juges sont protégés contre ses caprices. Son action est infinie, mais elle ne s'exerce que par l'intermédiaire de ministres responsables. Il règne seul, mais il gouverne peu, ou ne gouverne pas.

En République, c'est le peuple qui est souverain. Tous les pouvoirs ont la même source. On ne peut donc pas opposer la volonté d'une puissance à la volonté d'une autre puissance. Mais on peut opposer la volonté permanente du peuple à ses volontés passagères. La Constitution qu'il s'est donnée peut l'obliger à créer des magistratures durables, des corps qui lui doivent leur naissance, mais qui jouissent d'une indépendance relative, qui représentent auprès de chaque génération les traditions et les idées de la génération précédente, qui ne suivent que lentement les variations de l'opinion publique.

Supposez deux fleuves descendus de la même montagne. L'un, enfermé dans un lit rectiligne, s'élance vers la mer avec une force et une rapidité irrésistibles; parfois aussi, dans la saison chaude, il ne roule plus qu'un mince filet d'eau, ou tarit entièrement. L'autre traverse des lacs, s'y repose et s'y purifie;

puis il s'attarde dans les méandres d'un cours sinueux; des canaux et des réservoirs reçoivent son trop plein en temps de crue, soutiennent et raniment son débit en temps de sécheresse. Le premier fleuve est l'image d'une démocratie absolue; le second d'une démocratie tempérée. Car il n'est pas nécessaire, pour qu'une démocratie soit tempérée, qu'il existe une aristocratie de naissance ou de fortune; il suffit que la Constitution, comme font la nature et l'art, ménage les pentes, creuse les réservoirs et les canaux, trace des circuits dans la plaine. C'est toujours la même eau, une eau qui vient du ciel et se dirige vers la mer. De même le suffrage universel peut s'élancer à la manière d'un torrent, ou s'acheminer vers son but avec une sage et régulière lenteur.

Si le législateur vise surtout à garantir ses concitoyens de l'oppression, de l'instabilité, des entraînements téméraires et des subites défaillances, il préférera sans doute une Constitution tempérée : le démagogue veut une Constitution absolue. Les courtisans d'autrefois disaient au roi que rien ne devait entraver l'exercice de sa volonté suprême, l'exhortaient à balayer tous les obstacles, à briser toutes les résistances, à détruire toute autorité qui n'émanait pas de lui, ou qui ne lui obéissait pas incessamment. Les courtisans d'aujourd'hui n'ont qu'à prendre modèle sur leurs devanciers, et qu'à persuader au peuple qu'il doit être obéi toujours, partout, sur-le-champ, quoi qu'il ordonne. Il faut qu'à toute heure et en tous lieux on sente la main du maître, l'impulsion actuelle et directe du suffrage universel. Examinons à la lumière de ce dogme les principaux rouages de la Constitution. Rappelons-nous aussi que l'égalité est le principe de notre doctrine, et supprimons sans pitié tout ce qui tend à établir une aristocratie, fût-elle issue du choix populaire.

La première question qui se présente à nous est celle-ci : « Faut-il deux Chambres ? » La réponse n'est pas douteuse. Il est vrai qu'on ne voit nulle part un peuple bien gouverné qui n'ait qu'une Chambre. Mais, on l'a déjà dit, les exemples ne valent rien contre les principes. La Convention, en 1793, adopta une Constitution qui confiait le pouvoir à une Assemblée unique. La Constitution de 93 ne fut jamais appliquée ; c'est un mérite de plus, car elle joint ainsi le charme de la nouveauté à l'autorité des Montagnards qui l'ont bâclée, c'est-à-dire votée d'inspiration, dans un élan d'enthousiasme démocratique. La République de 1848 n'eut aussi qu'une Chambre, et ne vécut guère ; mais, comme elle fut renversée par un président trop puissant, il suffira, pour échapper à un semblable péril, d'organiser le pouvoir exécutif de telle façon qu'aucune usurpation ne lui soit possible. Ce n'est pas là un problème embarrassant, au moins en théorie.

On désigne habituellement les secondes Chambres sous le nom de Chambres hautes ; ce nom seul montre bien ce qu'il y a d'aristocratique dans une telle institution ; la seule étiquette est une condamnation. Si des conditions spéciales d âge ou de cens sont exigées, soit des électeurs, soit des candidats, le principe d'égalité est violé. Si les sénateurs sont élus par un collège plus étendu quant au territoire, ou plus restreint quant au chiffre des électeurs, ils auront la prétention de représenter une volonté plus générale, ou d'être choisis avec plus de maturité. S'ils sont nommés pour plus de temps, ils seront trop indépendants du peuple souverain.

Vous connaissez le dilemme d'Omar : « Si les livres de la bibliothèque d'Alexandrie sont conformes au Coran, ils sont inutiles ; sinon, ils sont nuisibles. Dans les deux cas ils sont bons à brûler. » Le même raisonnement s'applique à la seconde Chambre. Si elle est animée du même esprit que sa rivale, elle est superflue ; sinon elle est dangereuse. Pour réfuter cette démonstration, il faudrait persuader au peuple qu'il doit se défier de lui-même et se donner des censeurs. Rien n'est plus contraire aux maximes de la démagogie.

Il y a toujours avantage, quand on prend la multitude pour juge, à plaider la cause de la simplicité. Tout rouage, dont l'utilité n'est pas évidente au premier abord, choque le bon sens des masses, qui soupçonnent un piège et un péril. Les gens que le défaut d'expérience et d'instruction expose le plus à être trompés, sont précisément ceux qui ont le plus de confiance dans leur propre jugement. Le peuple craint qu'on ne le trahisse ; il ne craint pas qu'on l'égare. Prendre des garanties contre soi-même, c'est la marque d'une rare culture d'esprit, ou d'une force de caractère plus rare encore.

En vain allèguerait-on, pour défendre la division du pouvoir législatif, que deux avis valent mieux qu'un, et que la Chambre des Députés n'est pas infaillible. Pour que cet argument fût valable, on devrait supposer que cette Chambre eût un avis à elle, une volonté distincte de la volonté populaire. S'il en était ainsi, il ne faudrait pas deux Chambres, il n'en faudrait pas une. Mais la Constitution démocratique dont nous traçons l'esquisse n'admet pas l'hypothèse d'une pareille révolte. Les partisans d'une assemblée unique n'entendent pas investir cette assemblée d'une autorité assez indépendante pour dégénérer en tyrannie ; ils comptent bien la tenir en bride, la réduire au rôle d'exécutrice docile des décisions du suffrage universel. Les publicistes qui rappellent les excès de la Convention, pour engager le peuple à se défier d'une trop grande simplicité, perdent leur temps, non seulement parce que la Convention est plus admirée que connue, mais surtout parce que le souverain se promet de choisir des mandataires incapables de le mettre sous le joug.

Les membres de notre Chambre unique seront en effet des mandataires, et rien de plus. Dans les Etats où le principe d'égalité n'a pas encore produit toutes ses conséquences politiques, le représentant du peuple se considère comme investi d'une fonction qu'il remplit librement. Les électeurs choisissent parmi eux le plus respecté, le plus honnête, le plus instruit, ou du moins celui qu'ils tiennent pour tel, et remettent entre ses mains leur part de souveraineté. Ils le chargent de servir et de défendre de son mieux le pays et les institutions, d'assurer leur liberté, de ménager leurs deniers, mais ils n'entrent pas dans le détail des lois à voter, des mesures à prendre. Ils ne se croient pas compétents en toute matière ; ils admettent que les hommes d'État en savent plus que la foule, que cinq ou six cents personnages choisis sur tous les points du territoire par la nation tout entière sont les meilleurs juges de ce qu'exigent la justice et l'intérêt public. Ils admettent aussi que la discussion parlementaire n'est pas une vaine formalité, que tout n'a pas été dit dans les journaux et dans les réunions électorales, que le législateur doit avoir les mains assez libres pour se décider au dernier moment, d'après l'opinion qu'il se sera formée au cours des débats. Dans ces conditions, le député est le premier citoyen de la circonscription. On ne l'a pas choisi parce qu'il ressemblait à ses électeurs, parce qu'il représentait la moyenne des idées en vogue et des passions régnantes, mais au contraire parce qu'on voyait en lui un homme supérieur par le caractère et par le talent, comme on choisit un général, non parce qu'il entend la guerre à la façon des simples soldats, mais parce qu'il l'entend mieux.

Dans la démocratie absolue, les membres de l'assemblée nationale sont investis d'un mandat précis, détaillé, impératif. Ce sont des porteurs de cahiers. Ils se réunissent comme des plénipotentiaires qui ont leurs instructions en poche, non pour chercher où est l'intérêt général, mais pour constater et rédiger la volonté du suffrage universel. Quand ils prononcent des discours, ce n'est pas pour se convaincre les uns les autres, mais pour manifester à la tribune et revêtir d'une forme oratoire les idées et les sentiments de leurs commettants. La perfection serait de légiférer sans phrases, en laissant à la presse et aux réunions publiques le soin de discuter les problèmes et de comparer les solutions. Quand le député prend possession de son siège. il doit avoir toutes ses solutions prêtes, et ne plus hésiter que sur les voies et moyens. S'il survient une question imprévue, il ne la tranchera point par les seules lumières de sa raison et de sa conscience, mais il en référera à ceux qui l'ont nommé.

Aussi n'est-il pas choisi pour sa capacité, ni pour l'estime qu'il inspire. Sans doute il faut qu'il passe pour un homme probe, et qu'on le croie incapable de trahir son mandat. Il ne lui est pas inutile de bien parler, pour attirer l'attention et capter les suffrages. Mais on préférera souvent, par amour de l'égalité, une médiocrité honnête à un écrivain, à un orateur dont le talent exciterait l'envie et la défiance. Le premier devoir du député étant de penser et de sentir en toutes choses comme la majorité de ses électeurs, un candidat aurait peu de succès si on le soupçonnait de penser par lui-même, ou d'avoir le cœur trop fier. Tous les souverains aiment à rivaliser avec le Créateur, à faire quelque chose de rien. Comme l'esprit de Dieu, le vent de la faveur populaire souffle où il veut. Un candidat désigné d'avance aux suffrages par une supériorité trop éclatante risque fort d'être écarté sans autre motif ; il ne sentirait pas assez son néant devant le maître ; il serait vite accusé d'indépendance et d'orgueil.

L'idéal de la démocratie pure serait de nouveau réalisé, si le peuple faisait lui-même les lois, et tirait les magistrats au sort, comme les Athéniens au beau temps de la République. Mais la France n'est pas une cité. Un peuple dont le territoire est si vaste, dont les intérêts sont si compliqués, peut du moins fixer les yeux sur cet idéal, et s'en rapprocher par degrés. Il peut discuter les lois avant l'Assemblée, et se réserver le droit de sanction. Quoique l'Empire ait fait grand tort au régime plébiscitaire, en le proclamant sans le pratiquer, la logique y ramènera, y ramène déjà plus d'un doctrinaire de la démocratie. L'analyse officielle des programmes électoraux n'est autre chose qu'un essai informe de plébiscite.

L'Assemblée doit être nombreuse ; plus elle renferme de membres, moins chacun d'eux possède d'importance. Elle doit être élue pour peu de temps. Peut-être en viendra-t-on à déclarer inéligibles les députés sortants ; le titre de député sortant donne trop d'avantage à ceux qui le portent ; il se forme ainsi une sorte d'aristocratie. Un homme qui est resté trop longtemps investi des mêmes fonctions devient accessible à l'orgueil et à l'esprit de corps. Le renouvellement partiel est inacceptable ; il crée dans les assemblées des traditions qui les empêchent de subir docilement toutes les impulsions populaires. Chaque manifestation de la volonté nationale doit être irrésistible ; on ne peut admettre que le peuple vote sans produire de toutes pièces une majorité, ni qu'un mandat ancien soit opposé à un mandat nouveau. D'ailleurs les élections générales seront de plus en plus rapprochées, jusqu'à ce qu'elles deviennent annuelles. Dans une des innombrables constitutions qu'ils se donnèrent, les Florentins bornèrent à deux mois la durée des magistratures. La France est trop grande pour que nous allions aussi loin. Le terme d'un an suffit pour que l'élu n'ait pas le temps d'aspirer à l'indépendance. Quand les assemblées seront annuelles, chacune votera son budget, ce qui permettra au suffrage universel d'intervenir plus directement dans les questions de finances.

Les députés ne seront pas seuls rémunérés. Toute participation aux affaires publiques doit être payée, afin que les citoyens pauvres puissent s'occuper de politique. Comme les indemnités de cette catégorie ne seront jamais trop élevées, ce ne seront ni les riches, ni les hommes engagés dans une profession lucrative ou dans un commerce prospère, qui auront intérêt à négliger ou à suspendre leur propre travail pour servir l'Etat, le département ou la commune. Ce seront plutôt les déclassés ; la politique recueillera les épaves des autres carrières. Mais les gens qui ont mal gouverné leur propre destinée apportent dans les luttes politiques une ardeur et un esprit d'innovation qui ne contribuent pas peu à accélérer le progrès démocratique ; aussi l'épithète de satisfait est-elle d'habitude considérée comme une mortelle injure : se déclarer satisfait, ce serait s'avouer indigne de la confiance populaire. Le monde est aux mécontents ; or il n'est point de mécontentement plus légitime, plus amer, ni plus tenace, que celui qui prend sa source dans les déboires de la vie privée.

A Athènes, les citoyens recevaient un salaire honnête pour assister à l'assemblée du peuple ; on devine que les assemblées étaient assez fréquentes. Nous n'avons pas, comme les Athéniens, des esclaves pour cultiver nos champs, et des tributaires pour entretenir notre oisiveté. Pourtant un démagogue habile se souviendrait de cet exemple. Sans parler des conseillers généraux et des conseillers municipaux, des maires et des adjoints, qui devront être dédommagés de leur peine, on pourrait attribuer une légère indemnité aux membres des comités électoraux, des comités de surveillance, à tous les électeurs qui prendraient part à un vote, et même à ceux qui assisteraient à une réunion publique. Le 5 septembre 1793, la Convention décréta, sur la proposition de Danton, que les sections parisiennes se réuniraient chaque dimanche et chaque jeudi, et qu'une indemnité de quarante sous serait allouée, à cette occasion, à tous les citoyens qui la réclameraient. Cette mesure était regardée par les Montagnards comme une des plus propres à exalter l'esprit révolutionnaire. Sans doute il ne s'agissait que de Paris ; d'ailleurs je n'examine pas ici les moyens de déchaîner et d'accélérer une révolution. Mais la Convention, lorsqu'elle exagérait volontairement l'application des idées démagogiques, marquait du moins la voie où devront s'engager ceux qui s'inspirent de ses maximes sans prétendre égaler ses exploits. Tant que les citoyens ne jouiront pas tous des mêmes loisirs, il sera utile de procurer, au moyen d'un salaire modeste, un loisir artificiel aux citoyens qui désireront consacrer à la chose publique une partie de leur temps.

On cherche en ce moment, dans certaines localités, le moyen d'établir le mandat impératif en dépit de la Constitution. Rien ne sera plus facile, le jour où la Constitution sera rigoureusement démocratique. A peine sera-t-il nécessaire de tenir en bride un législateur nommé pour un an. Au besoin le député serait déclaré déchu et soumis à une nouvelle élection, sur la demande d'un certain nombre d'électeurs de sa circonscription, ou d'un comité de surveillance, nommé en même temps que lui, et chargé de servir d'intermédiaire entre lui et le suffrage universel. A vrai dire le corps électoral est permanent; il n'abdique pas sa souveraineté, il ne la délègue même pas; il ne donne qu'un mandat limité, temporaire, révocable. Une bonne loi sur cette matière fixerait à un an la durée maximum du mandat législatif, mais permettrait à chaque collège d'abréger ce terme, et d'imposer à son représentant telles obligations qu'on jugerait à propos ; c'est ainsi que dans un congrès diplomatique chaque souverain peut donner à son envoyé des pouvoirs plus ou moins étroits, et le changer au cours des négociations.

On disserte beaucoup sur les mérites, ou plutôt sur les défauts comparés du scrutin de liste et du scrutin uninominal. Le premier éloigne trop le mandataire de ses commettants, et lui donne trop de valeur personnelle. Le second fait du député un commissionnaire chargé de quêter des faveurs dans tous les bureaux ministériels. Il n'en sera plus ainsi le jour où l'administration sera décentralisée, où les ministres n'auront plus tant de faveurs et de places à distribuer. Toutefois le scrutin de liste offre à la démagogie certains avantages, au moins pour un temps. Il accroît l'influence des grandes villes, et diminue celle des propriétaires ruraux. C'est donc un instrument qui peut servir, mais qu'on devra briser quand l'œuvre sera achevée.

Ainsi conçu, le mandat de député paraîtra moins désirable, surtout quand il sera incompatible avec toute autre fonction rétribuée. Le suffrage universel arrivera sans doute à être représenté par des législateurs dont le mérite et la situation cesseront de provoquer l'envie. Les institutions et les mœurs concourront à écarter de l'arène les âmes trop fières pour accepter un emploi subalterne et machinal, ainsi que les hommes qui ne voudront pas quitter leurs travaux habituels, leur clientèle, leurs affaires, pour un honneur de peu de prix, de plus en plus commun. Les candidats se recruteront surtout parmi les citoyens à qui l'indemnité semblera considérable, et parmi ceux qui auront besoin de se mettre en lumière pour obtenir du peuple une charge moins précaire et, de façon ou d'autre, plus lucrative.

Je devine l'objection qui se présente ici à votre esprit. Vous pensez que je rabaisse trop la carrière politique, et vous craignez que la profession de démagogue ne devienne méprisable dans la société dont je vous esquisse l'image. Rassurez-vous. On peut faire fortune en prêchant le renoncement, et s'élever au-dessus de ses concitoyens en combattant pour l'égalité absolue. Plus l'idéal qu'on lui montre est lointain et inaccessible, plus le peuple est disposé à s'abandonner à ceux qu'il a pris pour guides. Le plus sûr moyen de lui inspirer une aveugle confiance est quelquefois de l'engager à se défier de tout le monde. Je ne vous trace pas le tableau de l'état politique et social où votre ambition prendrait le plus d'essor; je vous indique seulement les grandes lignes d'une doctrine qu'il vous sera utile de professer, sans espérer ou sans craindre un succès trop complet pour les idées dont vous serez le champion. Même dans les démocraties qui jouissent des institutions les plus conformes au principe de l'égalité absolue, il y a toujours place pour des favoris que le maître soustrait à la rigueur du niveau. A Athènes, c'étaient les orateurs ; en France ce seront peut-être les journalistes. Le jour où ce sera n'être rien que d'être représentant ou même ministre, il y aura pourtant tel ministre ou tel représentant qui sera quelque chose. Jamais une loi ne supprimera la popularité avec tous les avantages et toutes les jouissances qu'elle procure.

Il semble qu'après avoir parlé du pouvoir législatif nous devions étudier l'organisation du pouvoir exécutif. Mais il faut d'abord savoir quelle sera la tâche du pouvoir exécutif, et pour cela dire quelques mots de la justice et de la décentralisation administrative.

Le jury nous offre déjà l'exemple du peuple se jugeant lui-même : c'est une des rares institutions de ce temps qui soient conformes au principe du gouvernement direct. Pour que l'égalité règne, les jurés seront tirés au sort non sur une liste de capacités, mais sur la liste des électeurs. La compétence de ce tribunal vraiment populaire sera étendue aux affaires correctionnelles et aux affaires civiles. Faudrait-il néanmoins conserver une magistrature? Ne pourrait-on remanier les codes et réformer la procédure de telle façon que l'arrêt sortît naturellement du verdict, et qu'aucune place ne fût laissée à l'appréciation arbitraire du magistrat, après que le jury aurait prononcé? Du moins il serait permis de réduire au minimum l'intervention du juge, uniquement chargé de faire connaître le texte de la loi, et de l'appliquer exactement. Ce fonctionnaire serait naturellement élu par le suffrage universel, et pour peu de temps : toute magistrature permanente et indépendante passe bien vite pour une aristocratie. On serait peut-être contraint d'exiger des candidats quelque teinture de science juridique, mais seulement une teinture, car si le corps des légistes n'était pas assez largement ouvert, il acquerrait promptement une autorité et une considération excessives. Le jury étant souverain, il n'y aurait pas de Cour d'appel, mais un ou plusieurs tribunaux de cassation, dont la tâche se bornerait à vérifier l'application exacte des lois et l'observation des formes. Encore les formes seraient-elles peu compliquées ; la justice populaire est expéditive. Peu importent les détails de la procédure une fois que le souverain s'est formé une conviction, et l'a manifestée. Les gouvernements absolus, qu'ils soient monarchiques ou républicains, haïssent la lenteur et la pointillerie. On ne se sent pas tout à fait maître, quand on ne peut pas faire vite.

La législation doit être simplifiée, jusqu'à ce que tous les codes tiennent en un petit nombre de pages. Le peuple juge en équité. C'est dans sa conscience qu'il puise ses lumières. Il souffre malaisément que la liberté de ses décisions soit asservie à des textes. Il croirait aliéner une partie de son indépendance, s'il était obligé de consulter sans cesse des hommes spécialement versés dans la connaissance des lois. Il n'imiterait pas volontiers ces barons du moyen-âge, qui conservaient bien le droit de justice, mais qui se laissaient dicter leurs arrêts par des clercs lettrés.

Les jugements rendus par le peuple seront sans doute très variables. Le jury, bien que tenu en bride par les magistrats, nous donne déjà une idée des fluctuations de la justice populaire. Tantôt elle est sévère jusqu'à la cruauté, tantôt elle est indulgente jusqu'à la plus extrême complaisance. Aujourd'hui on tolère tout, demain on ne laissera rien passer. Aujourd'hui la foule s'attendrit sur le sort des infortunés que le besoin a poussés au vol ; demain elle sera prête à leur appliquer sans pitié la loi de Lynch. Cette instabilité ne saurait ni nous étonner, ni nous choquer. La loi n'est, après tout, qu'une émanation indirecte de la volonté et de la conscience du souverain ; les verdicts sont le produit direct de cette conscience et de cette volonté. Un jury criminel déclare fort bien que l'accusé n'est pas coupable, bien que le crime soit avoué ou prouvé; de même un jury civil déclarera que c'est Pierre qui a raison, bien que Paul ait pour lui tous les textes du monde. Le droit civil sera en somme, comme le droit criminel, remplacé par l'idée de la justice ; or nous savons combien cette idée varie sous l'influence des passions et des besoins de chaque jour. La magistrature est quelquefois partiale, mais elle est contenue par la précision des codes, par la hiérarchie des juridictions, par le sentiment de sa responsabilité, par ses traditions morales, par la majesté même de son rôle. Le juré n'est pas responsable ; il n'a pas de traditions ; il n'a pas le temps, dans le court trajet de sa boutique ou de son atelier au prétoire, de bannir ses préoccupations habituelles, et d'oublier ses affections et ses haines. Les avocats lui montreront dans chaque procès particulier un épisode d'une lutte générale, de la lutte des pauvres contre les riches, du travail contre le capital, des bien pensants contre les mal pensants. Il se laissera persuader que rendre tel verdict, c'est prendre parti dans tel camp. Si la loi est d'abord gênante, on obligera le législateur à l'accommoder au besoin qu'éprouve le peuple de juger à son gré. Mais en réalité la loi ne saurait être gênante pour un jury, car il est au-dessus. Les théoriciens de la démocratie pure prouveront sans peine que la partialité n'est pas injuste, quand c'est le peuple qui juge, parce qu'il n'y a point de droit contre lui, et que le plus grand crime est de lui déplaire. Il n'y aurait qu'à paraphraser cette maxime inscrite dans une loi qu'a votée une assemblée française, la loi du 22 prairial an II : « La règle des jugements est la conscience des jurés éclairée par l'amour de la patrie ; leur but, le triomphe de la République et la ruine de ses ennemis ». Si le peuple se montre partial, ce sera évidemment contre ses ennemis, et il est juste que ses jugements servent à les ruiner.

Dans une société qui repose tout entière sur le suffrage universel, tous les fonctionnaires doivent être élus. S'il existait une hiérarchie administrative, les chefs seraient des aristocrates, et les fonctionnaires placés aux degrés inférieurs de l'échelle seraient dans la main de leurs chefs, échapperaient à l'action du souverain. Les intérêts de chaque localité seront gérés par les mandataires de cette localité ; les maires, les administrateurs du canton, de l'arrondissement, du département, seront élus à temps par leurs administrés. La force publique dont ils disposeront pour assurer l'exécution des lois et des jugements sera aussi une force populaire, car la démocratie pure se défie de toute force publique permanente. Les lois et les jugements n'exprimant que la volonté de la majorité, la majorité doit renfermer en elle de quoi vaincre toute résistance. La décentralisation la plus radicale est donc une conséquence logique de la souveraineté du peuple. Ainsi le problème de l'organisation du pouvoir exécutif est en quelque sorte supprimé. Il y a des agents nationaux, des agents départementaux, des agents communaux : il n'y a plus à proprement parler de gouvernement ni d'administration.

Parcourons en effet la liste des ministères. Les relations extérieures sont peu de chose. La République est l'amie des autres États démocratiques ; elle conserve la paix avec les monarchies, mais ne forme avec elles aucune alliance. Elle a des consuls, et point de diplomates. La diplomatie n'a plus de raison d'être, le jour où tout engagement à longue échéance est proscrit comme une diminution de la souveraineté du peuple, qui doit toujours être libre de suivre son inspiration. La majorité d'aujourd'hui n'a pas le droit d'engager la majorité de demain. L'armée permanente est remplacée par la garde nationale, et le rôle du ministre de la guerre, en temps de paix, se borne à l'entretien des forteresses et des arsenaux. Il en est de même du ministre de la marine. Les cultes sont inconnus à l'État. Le ministère de la justice est inutile, puisqu'il n'y a plus de corps de magistrature. Le ministre de l'intérieur a perdu presque toutes ses attributions par la décentralisation administrative et la remise aux communes du soin de leur police. Le ministère des postes n'est en réalité qu'une direction générale. Les ministères de l'agriculture et du commerce sont des rouages superflus, sous quelque régime que ce soit. Restent les finances, les travaux publics et l'instruction publique. Encore ce dernier département sera-t-il réduit à peu de chose, quand tous les pouvoirs locaux feront leur devoir. Ainsi le pouvoir exécutif n'est plus dans la démocratie pure que l'ombre de lui-même. Il n'y a plus de cabinet qui forme en face de l'Assemblée une autorité à la fois rivale et subordonnée. Plus de corps de fonctionnaires qui opposent aux fluctuations de la volonté populaire leur force d'inertie, leurs traditions d'indépendance et d'aristocratie, leur mauvaise volonté sourde et invincible. Des commissions renouvelables, choisies par l'Assemblée dans son propre sein, gèrent les affaires d'intérêt général par l'intermédiaire de commis responsables auxquels on peut indifféremment laisser ou enlever le nom de ministres.

Mais ce n'est pas tout, et le problème n'est résolu qu'en apparence. Il ne suffit pas de montrer comment notre pays se gouvernera le jour où il n'y aura plus de partis, le jour où d'un bout à l'autre du territoire, toute la population marchera d'un même pas dans la même voie. Il ne suffit pas de décrire l'idéal de la démocratie triomphante : il faut aussi exposer la tactique de la démocratie militante. Nous sommes en France, et si le Français trouve mauvais qu'on se mêle de ses affaires, il tient à se mêler des affaires de son voisin. Le parti le plus libéral, dès qu'il arrive au pouvoir, croirait perdre le fruit de sa victoire s'il accordait à ses adversaires toutes les libertés qu'il se flattait naguères de revendiquer pour tout le monde.

Nous avons dit que l'application rigoureuse du principe d'égalité supposait l'élection de tous les fonctionnaires, et par conséquent la décentralisation administrative, car tout élu dépend de ses électeurs, et ne dépend que d'eux, ou peu s'en faut. Mais nous n'avons pas parlé de fédéralisme. Selon le système fédéraliste, la souveraineté réside dans le peuple de chacune des unités confédérées ; la souveraineté nationale est seulement l'ensemble des pouvoirs que les unités ont bien voulu abandonner en faveur du tout. Il s'ensuit que les pouvoirs conservés par les États restent entiers et inattaquables. La Confédération est comme une société à responsabilité limitée ; les actionnaires n'y entrent que pour une portion déterminée de leur fortune ; le reste demeure intact entre leurs mains.

Tel n'est pas l'esprit de la démocratie française. Il n'y a chez nous qu'un souverain, qui est le suffrage universel national. On peut et l'on doit laisser les citoyens de chaque localité exécuter à leur manière, et par des agents de leur choix, la volonté générale du peuple souverain, mais ils n'ont pas le droit de se soustraire à cette volonté, quelle qu'elle soit, et la souveraineté s'étend à toutes choses. Ainsi quand il plaira au législateur, organe direct de la majorité des électeurs, d'instituer pour les enfants une éducation commune et uniforme, c'est en vain que la population d'un département protestera de sa préférence pour l'éducation libre et domestique ; c'est en vain qu'elle élira des magistrats locaux animés du même sentiment ; il faudra qu'on l'oblige à se soumettre.

Voici une autre hypothèse. Supposons que l'Assemblée établisse un impôt progressif sur le revenu. Il peut arriver que les habitants d'une ville ou d'un contrée trouvent cet impôt inique, vexatoire, ruineux, uniquement propre à faire émigrer le capital, à paralyser le commerce et l'industrie. Dans une république fédérale, ces dissidents s'imposeraient une autre taxe, mieux répartie à leur gré, qui fournirait une quote-part équivalente du budget national des recettes. Sous le régime actuel, une pareille entreprise serait impossible même à concevoir, puisque les impôts sont assis et perçus par les employés du pouvoir central. Sous un régime de démocratie pure, la population dont nous parlons pourrait échapper en fait à la loi de finances qu'elle jugerait mauvaise; il lui suffirait d'élre des répartiteurs et des percepteurs imbus de ses idées et de ses répugnances économiques, et résolus à les servir, puis des magistrats qui prêteraient main-forte à ces agents financiers; s'il s'élevait des contestations, le jury les jugerait conformément à l'opinion locale. Le trésor public n'y perdrait rien, et recevrait toujours la même somme. Mais une telle conduite passerait pour factieuse, et serait considérée comme une révolte par le peuple souverain, inflexible et intraitable dès qu'il croit qu'on porte atteinte à sa souveraineté. Car en établissant tel ou tel impôt, le législateur ne se propose pas seulement de faire entrer dans la caisse nationale une somme déterminée : il vise plus haut et plus loin; il veut appliquer une doctrine économique, sociale ou morale; il veut favoriser une catégorie de citoyens, et en frapper une autre, peut-être même niveler les fortunes et ruiner les riches. Et de quel droit une fraction du peuple prétendrait-elle viser un autre but et suivre une autre doctrine?

Un gouvernement tempéré se pique surtout d'être habile, et pourrait à la rigueur transiger sur ses droits, tolérer quelque diversité dans l'application des lois. La monarchie même n'exclut pas une certaine dose de fédéralisme. Mais le peuple français prétend surtout faire régner la justice. Ce n'est pas au nom de son intérêt qu'il fait des lois; c'est au nom de sa conscience; l'intérêt marchande, accepte des compensations; la conscience commande.

Il y aura dans la République une volonté générale qui entendra être obéie à tout prix. Cette volonté sera sans doute variable, et changera parfois d'objet. Elle sera peut-être indifférente à ce qui regarde le maintien de l'ordre matériel, la sécurité des personnes et des biens. Dans d'autre temps elle sera au contraire inflexible sur ce point. Le désordre passe tantôt pour un signe de vie, tantôt pour un signe de mort. Un jour la multitude ouvre les prisons, délivre les voleurs de profession, les porte presque en triomphe comme des victimes de la tyrannie du capital; le vent tourne, le respect du bien d'autrui devient une passion farouche, et l'on fusillera pour une pomme. C'est le propre des foules d'être mobiles, et c'est le propre de tous les gouvernements absolus d'être excessifs dans la tolérance comme dans la répression. Ils n'excusent ni ne condamnent à demi. Cependant on peut supposer qu'en général le peuple souverain sera coulant sur les lois qui défendent la propriété, et souffrira qu'on les viole ouvertement, ou qu'on les élude par la complaisance du jury. Mais il tiendra fortement aux lois qui tendront à accélérer les progrès de l'égalité, qui appartiendront à un système de réformes sociales, qui intéresseront le principe même de la politique démocratique.

Il nous faut donc un pouvoir exécutif énergique et puissant. Mais le pouvoir exécutif, dans l'Etat que nous imaginons, jouera un rôle bien différent de celui qu'il remplit dans les Etats actuels. Chez les peuples qui ont le goût de la liberté, on estime que le gouvernement doit défendre l'intégrité du territoire, étendre l'influence de la nation, maintenir le bon ordre, veiller à la sûreté des personnes et des biens, mais qu'il peut abandonner aux citoyens, associés ou non, l'initiative du progrès intellectuel, moral et social; s'il devance parfois cette initiative, c'est à condition de ne pas la gêner, de ne pas l'étouffer, de s'arrêter devant certaines résistances. Dans notre démocratie, le pouvoir central s'occupera peu des affaires étrangères, laissera aux conseils locaux le soin d'organiser la garde nationale, aux polices locales et aux jurys locaux le soin de faire respecter la vie et la propriété des individus; mais il sera plein de zèle toutes les fois qu'il s'agira de favoriser le progrès, c'est-à-dire de faire triompher l'égalité. Il interviendra en maître dans les questions d'instruction publique, et son souci le plus pressant sera de régler les rapports économiques des Français entre eux. Il s'occupera surtout de ce que négligent volontiers les gouvernements tempérés, et négligera ce qui leur tient le plus au cœur.

Mais notre pouvoir exécutif semble dépourvu de tout moyen d'action. Il ne possède ni un corps de fonctionnaires partout présent, ni une magistrature docile, ou du moins habituée à appliquer strictement les lois. Voici un problème intéressant à résoudre. Le peuple veut faire prévaloir certaines maximes qui ne sont pas partout également reçues, opérer certaines réformes qui se heurteront à d'énergiques résistances. Cependant il ne lui plaît pas de porter sur ses épaules le poids de la machine administrative qui assure dans les autres Etats l'exécution des ordres du souverain. Il veut faire passer l'opposition sous le joug, sans s'y astreindre lui-même. Il veut un gouvernement qui soit très fort contre la minorité, mais dont la majorité ne sente même pas la présence.

Les petites républiques de la Grèce antique et de l'Italie du moyen-âge ont plus d'une fois donné à ce problème une solution radicale ; les vainqueurs supprimaient les vaincus par la mort ou par l'exil. Mais l'expérience est peu favorable à cette méthode. On se lasse de tuer, et il n'est pas prouvé que les morts ne reviennent pas. Les bannis sont dangereux. La Convention eut recours à la Terreur, et établit le gouvernement révolutionnaire. Parler de cette institution fameuse ne serait pas une pure digression. Aussi bien l'histoire de la Convention est-elle encore l'Evangile de la plupart des démagogues, et non des moins habiles.

La Révolution avait démoli de fond en comble l'ancien gouvernement ; le nouveau était faible, parce que la Constituante avait trop pensé à la liberté. Quand la Montagne voulut obtenir de la nation un effort désespéré, elle ne s'amusa pas à organiser une administration régulière et hiérarchique, comme fit plus tard le Premier Consul. Le temps manquait, et le personnel faisait défaut plus encore que le temps. La Convention ne renia point les doctrines des assemblées précédentes. Elle se contenta de créer, au-dessus des institutions libérales qu'elle avait trouvées en vigueur, et qu'elle laissait subsister pour la forme, un réseau de sociétés populaires reliées par l'affiliation. Du 31 mai au 9 thermidor, l'Assemblée nationale, dominée par les Jacobins, fit peser sa domination sur tout le pays par l'intermédiaire des clubs. Ce n'étaient plus les conseils élus ni les magistrats élus qui imposaient l'obéissance aux citoyens; c'étaient les volontaires de la parole et de l'action, qui dans chaque localité s'emparaient du pouvoir par le droit du plus zélé, faisaient trembler la masse de la population, échauffaient les indifférents par la peur, désignaient et arrêtaient les suspects. Les représentants en mission tiraient presque toute leur force de l'appui des clubs qui couvraient la France de leur réseau; la dictature de ces proconsuls eût été impuissante et aveugle sans cette précieuse collaboration, car ils n'auraient su où frapper.

L'histoire de la Terreur nous montre comment le pouvoir exécutif peut balayer toute résistance dans un pays où toutes les institutions ont pour but de garantir la liberté. Au centre, une volonté énergique et sans scrupules affirme la nécessité de suspendre toutes ces garanties pour échapper à un péril pressant; dans les provinces, les représentants du parti qui triomphe au centre se chargent de tout faire plier. Jamais il n'y eut moins de liberté que pendant cette convulsion, mais on ne renonçait pas pour cela à jouir de toutes les libertés; on en ajournait seulement la jouissance pour mieux l'assurer. Le Consulat nous fit rentrer dans la tradition administrative de l'ancien régime. Mais la Convention mit la France en état de guerre; le parti jacobin tenait garnison partout. Le gouvernement possédait ainsi une force irrésistible, sans s'arroger des droits éternels. On vivait dans l'exception ; l'état révolutionnaire était considéré comme purement transitoire.

Il s'agissait d'abord de sauver l'indépendance nationale, de repousser l'invasion, de vaincre Pitt et Cobourg, et leurs alliés de l'intérieur. Mais le territoire délivré, la coalition vaincue, la rébellion écrasée, la terreur ne se relâchait pas ; la guillotine exigeait chaque jour plus de victimes. C'est que les maîtres de la France ne se proposaient plus de purger le sol de la présence des étrangers; ils étaient férus d'une autre ambition. Après avoir défendu la Révolution, après l'avoir fait triompher, ils voulaient l'achever, transformer les hommes et les choses, extirper l'aristocratie, établir le règne définitif de l'égalité et de toutes les vertus spartiates. On discute encore pour savoir si la Terreur a sauvé la France, si nos pères auraient eu assez de force sans cet accès de fièvre, si nous devons de la reconnaissance à Fouquier-Tinville. Mais en thermidor, la question n'était plus militaire ; elle était sociale. Robespierre et Saint-Just, à cette date, visaient moins l'hydre de la coalition que l'hydre de la corruption ; s'ils faisaient toujours du couperet leur principal instrument de propagande, ce n'était plus pour pousser la jeunesse aux frontières, ni pour faire trembler les complices des émigrés, mais pour épouvanter les riches, et courber toutes les têtes sous le niveau égalitaire. Le 9 thermidor ne ralentit pas l'élan de nos armées, n'arrêta point le mouvement patriotique, mais le mouvement révolutionnaire. La chute des triumvirs ne sauva point les alliés de la défaite, mais les riches de la destruction.

Entre le gouvernement terroriste, dont la force était prodigieuse, et le gouvernement thermidorien et directorial, qui étonna le monde par sa faiblesse, la différence essentielle consiste surtout dans la suppression des clubs. Ce pouvoir exécutif, qui avait fait des miracles, cessa tout-à-coup d'exister ; le jour où fut fermée la salle des Jacobins, il ne resta que des institutions libérales et une administration débile.

L'histoire ne se répète pas, et personne presque ne songe à prendre le régime de la Terreur pour un modèle. C'est pourtant un bel exemple, instructif par son exagération même, de ce que les passions populaires peuvent donner de vigueur au pouvoir, dans un pays où les lois ont presque réduit le pouvoir a néant. Le sentiment du péril, l'instinct de la conservation, la conviction que tout est légitime dans l'état de légitime défense, firent accepter cette usurpation. Avec un peu moins de violence, dans une situation moins critique, les démagogues peuvent obtenir du peuple, en le faisant trembler pour ce qui lui est cher, une sorte de dictature. De là l'utilité des dénonciations, même téméraires. C'est aujourd'hui une doctrine reçue, et presque consacrée par des déclarations solennelles, que le gouvernement possède un droit supérieur de défense, c'est-à-dire le droit de se défendre comme il lui plaît, même en dépit des lois. Cette maxime une fois établie, il sera facile de montrer que la République a toujours des ennemis, et de faire croire qu'elle est toujours en danger. Le gouvernement aura quelque chose de révolutionnaire tant que la Révolution ne sera pas achevée, et acceptée de tous.

Ainsi les lois sont infiniment respectueuses de la volonté du peuple et même de la volonté de chaque fraction du peuple, mais les contre-révolutionnaires sont hors la loi. Le pouvoir exécutif n'est pas chargé de protéger également tous les citoyens dans leurs biens et dans leurs personnes, mais de dompter la minorité. Le suffrage universel demeure souverain, dans la République, dans le département, dans la commune ; mais là où il résiste au mouvement qui entraîne la nation, c'est un souverain mineur ou fou, ou plutôt criminel ; on ne le conteste pas, on le brise. La liberté conserve tous ses droits ; elle n'est que suspendue, et elle n'est suspendue que chez les adversaires de l'égalité. Le gouvernement est un Janus ; il tourne vers ses amis une face bénigne et souriante ; vers ses ennemis une face terrible. D'un côté il est sans bras ; de l'autre il brandit un glaive et une massue.

Le jour où la Révolution sera achevée, le Janus n'aura plus qu'une face, et les démagogues n'auront plus rien à faire. Voulons-nous savoir si cet achèvement peut être entrevu dans un avenir prochain ou lointain ? Il nous suffira de mesurer l'étendue des transformations que la société devrait subir avant que le principe de l'égalité fût pleinement appliqué. Nous verrons que la carrière est immense, et que dix générations de démagogues peuvent faire fortune avant que le but soit atteint. Car on doit compter sur une série de réactions qui permettront sans cesse à de nouveaux tribuns de former de nouvelles entreprises. Le premier maréchal de Biron disait à son fils, qui proposait un moyen d'écraser l'ennemi : « Es-tu si pressé de voir finir la guerre ? Tu ne veux donc pas gagner le bâton à ton tour ? » Les futurs maréchaux de la démocratie n'ont pas à craindre que la guerre finisse trop tôt pour eux, et que l'occasion leur manque de gagner le bâton.

CHAPITRE IV

L'ÉGALITÉ SOCIALE

L'égalité politique pleinement conquise, le suffrage universel devenu maître de toutes choses, le principe de la souveraineté du peuple partout appliqué, il reste à établir l'égalité sociale. Ce mot enferme un sens infini ; on peut s'en servir pour justifier quelques réformes modestes, aussi bien que pour supprimer jusqu'aux dernières traces des institutions existantes. C'est la formule d'une révolution qui n'a point de bornes. Celui qui en acceptera toutes les conséquences avec une logique intrépide, cherchera l'idéal de la civilisation future dans la règle des couvents catholiques. Pour lui, l'humanité tout entière devra courber la tête sous ce joug pesant, que n'allégera plus l'attente d'une vie future ni l'amour d'un Dieu fait homme. Dans la pratique, il vient un moment où les peuples se lassent de descendre un à un les degrés de cette échelle, où ils rejettent brusquement la domination des sectaires ; les sectaires eux-mêmes, quand ils sont à l'œuvre, ont peur de leurs propres succès ; ils hésitent, ils transigent, ils s'arrêtent.

Mais la théorie ne connaît pas ces tempéraments; la doctrine est impitoyable. Si le cœur se révolte, l'esprit va jusqu'au bout. Quelques grands utopistes ont eu ce courage. Les Platon, les Thomas Morus, les Cabet, ne se lassaient pas de raisonner juste; ils avaient la foi; ils obéissaient à la logique.

Vous ne ferez pas comme eux; vous ne dévoilerez pas tout votre système; vous vous réserverez le droit et le moyen d'enrayer, de reculer devant l'absurde et l'odieux, de partager ou même de devancer l'indignation publique. Mais les circonstances seules vous apprendront quand il conviendra de donner le signal d'une halte. C'est affaire de tact et non de théorie. Aussi dois-je vous exposer la théorie, sans vous marquer d'avance le point où elle deviendrait pour vous un guide dangereux. Je vous indique le chemin où vous marcherez, où vous conduirez le peuple jusqu'à ce qu'il soit las. Pourvu que vous mettiez un peu de vague dans l'expression de vos desseins, on vous suivra avec ardeur et avec confiance. Les hommes ne craignent pas l'utopie. La plupart n'ont pas assez réfléchi sur les conditions de leur existence, n'ont pas une connaissance assez nette des lois de la vie, pour redouter les maux où les plongerait la recherche de l'égalité absolue. Une peinture trop exacte du paradis communiste les choquerait peut-être, mais une description pompeuse et confuse charme leur imagination, flatte leurs instincts poétiques et leurs instincts religieux en même temps que leurs passions mauvaises. La Chimère leur plaît jusqu'à ce qu'ils sentent ses griffes dans leur chair.

Livrons-nous donc hardiment à la logique, et voyons où elle nous mène.

Le peuple a conquis l'égalité politique; il n'y a plus d'aristocratie héréditaire qui l'opprime, plus de cens électoral qui l'humilie, plus de corps administratifs qui semblent subsister par eux-mêmes hors de lui et au-dessus de lui : sera-t-il content? On a mis entre ses mains la toute-puissance : n'en usera-t-il pas pour améliorer son sort? Se résignera-t-il, quand il peine et qu'il souffre, à chercher uniquement dans le travail et dans l'économie l'allègement de sa peine et la fin de ses souffrances? Il s'aperçoit bientôt que la liberté n'est pas tout, et il rêve la justice. Or l'inégalité sociale lui paraît profondément injuste.

Est-il juste que le hasard de la naissance prodigue aux uns tous les biens, inflige aux autres tous les maux? Est-il juste que l'oisif regorge de délices, et que le travailleur, privé de toutes les jouissances de la vie, lutte jusqu'à la mort contre des fatalités invincibles? Cette inégalité est si choquante, surtout aux yeux de qui ne voit point d'avenir au-delà de cette terre, qu'il n'est pas nécessaire d'en être victime pour s'en indigner. Les protestations les plus vives, les plus éloquentes, les plus entraînantes, sortent du milieu des heureux de ce monde, soit que leur cœur s'attendrisse sur le malheur de leurs semblables, soit que leur raison les contraigne à suivre jusqu'au bout les conséquences d'un principe une fois posé. Les plus riches même goûtent parfois une étrange et fière volupté dans le dépouillement qu'ils s'imposent par l'imagination, et leur conscience les encourage à saper les institutions dont ils profitent. Ce sont des nobles qui ont ébranlé les privilèges de la noblesse ; ce sont des bourgeois qui contestent avec le plus de vigueur la légitimité des avantages dont ils jouissent.

Il est permis de se demander si l'inégalité sociale ne détruit pas l'égalité politique. Un citoyen est-il, tout à fait libre, quand le besoin le tient dans la dépendance d'autrui ? Les ouviers qui n'ont aucune réserve ne sont-ils pas les serfs de qui les emploie ? En fait, leur liberté est entière, puisqu'ils votent le plus souvent contre le vœu de leurs patrons. Mais il suffit de quelques atteintes portées à cette indépendance électorale pour donner une force irrésistible à la propagande des ennemis de l'ordre social actuel. Un orateur habile, un écrivain de talent, n'ont pas de peine à faire passer l'exception pour la règle.

Les esprits absolus, les caractères violents, les tempéraments révolutionnaires vont droit au but, et proposent d'établir l'égalité d'un seul coup, en partageant les biens ou, ce qui est plus sûr, en abolissant la propriété. Ils conçoivent une société idéale, où le hasard et la naissance ne mettraient aucune différence entre les hommes, et ils cherchent à imposer leur système par tous les moyens qu'autorise la loi ou leur conscience. La loi est étroite, mais la conscience est large. Ils obtiennent en général peu de succès, bien qu'ils exercent beaucoup d'influence. On leur accorde qu'ils voient le but, mais on estime qu'ils le rapprochent trop. Le tableau qu'ils tracent du monde futur a l'air d'un roman peu vraisemblable, ou peu séduisant. Ils exigent de l'humanité un effort trop rude ; ils menacent trop d'intérêts. Si entiché que soit le peuple de l'idée d'égalité, il conserve presque toujours assez de bon sens pour se défier des transformations subites, assez d'honnêteté pour reculer devant la spoliation brutale. La propriété a trois classes de défenseurs : ceux qui la possèdent ; ceux qui espèrent la conquérir ; ceux que leur éducation a trop bien habitués à la respecter pour qu'ils se résolvent aisément à la détruire. Il faut peu de temps pour faire accepter une doctrine nouvelle aux ignorants, et même aux gens cultivés ; il en faut bien davantage pour effacer les traces d'un sentiment héréditaire. La foi change vite ; les mœurs changent lentement. Une nation convertie au principe de la communauté ou du partage égal des biens ne sera pas pour cela décidée à l'appliquer. Quand l'apôtre a triomphé des objections, il lui reste à déraciner les scrupules, et c'est là sa plus lourde tâche.

Aussi n'est-ce point par la violence que s'accomplira la transformation sociale. Il suffit d'établir que le progrès consiste à diminuer l'inégalité parmi les hommes, et que tous les actes du législateur doivent tendre vers ce but. La seconde proposition n'est pas moins essentielle que la première. Les plus éminents économistes ont essayé de prouver que l'évolution naturelle de la civilisation moderne rapproche graduellement les conditions ; mais ils ne veulent pas que l'Etat se charge d'accélérer ce rapprochement. Or l'intervention de l'Etat est précisément le lien de toutes les écoles socialistes. Si l'on cherche pour le socialisme une définition capable d'embrasser l'infinie variété des systèmes que le langage vulgaire range sous le même vocable, on n'en trouve pas de meilleure que celle-ci : « Les socialistes sont ceux qui veulent faire intervenir la puissance publique dans la répartition des richesses. » Il est aujourd'hui bien difficile, il est presque impossible de plaire sans professer et soutenir des doctrines qui tombent sous le coup de cette définition, sans se donner pour socialiste. Piquez-vous de modération et de sens commun; répudiez les brusques révolutions ; moquez-vous doucement des utopies ; flétrissez au besoin les hommes de sang, et soyez simplement un homme de progrès, un ami des réformes. Pourvu qu'il soit bien entendu que le progrès est l'œuvre de l'Etat, que les réformes regardent le législateur, vous donnerez d'assez amples satisfactions aux passions dont vous aurez condamné l'explosion brutale.

Dans une République où toutes les libertés sont garanties, au moins sur le papier, la loi la plus importante, le maître rouage de la machine politique, c'est la loi de finances. Permettre et défendre, voilà la grande affaire des gouvernements monarchiques ; prendre et donner, voilà la grande affaire des gouvernements démocratiques, quand ils se proposent pour but l'égalité sociale. Le budget est un réservoir qui recueille la richesse pour la distribuer. Il n'a plus pour objet de pourvoir à certains services d'intérêt général, mais de modifier la répartition des fruits du travail et des dons de la Fortune. Voulez-vous savoir jusqu'où un peuple est arrivé dans la voie du socialisme? Etudiez son budget.

Commençons par examiner les dépenses. Il y a cette différence entre l'Etat et les particuliers, que celui-ci règle ses dépenses sur ses recettes, tandis que l'Etat règle ses recettes sur ses dépenses. Car le particulier puise dans sa propre bourse, et l'Etat dans la bourse d'autrui ou, si l'on veut, dans la bourse de tout le monde. Mais ce tout le monde est quelquefois une minorité. En dépit des objections que hasardent les sages, les Chambres se laissent aisément convaincre de la nécessité d'une dépense nouvelle. Il est vrai qu'elles ne votent pas volontiers de nouveaux impôts. Mais cette répugnance fera place à l'empressement, le jour où il sera reconnu que l'impôt est un instrument de progrès, et le percepteur une seconde Providence, chargée de réparer les injustices de la première.

Nous laisserons de côté la Dette et la Guerre. En dehors de ces deux gros chapitres, que la démocratie essaiera de réduire, les autres services publics deviendront apparemment plus onéreux. Il n'y aura plus d'administration centralisée, mais les fonctionnaires ne seront pas pour cela moins nombreux. Il faudra d'abord indemniser tous les membres des corps élus, peut-être même payer de leur peine les votants et les clubistes. Il restera beaucoup de places à remplir ; si l'on commence par en réduire le chiffre, on ne tardera pas à en créer de nouvelles. Plus les élections sont importantes, plus les influences électorales sont exigeantes et avides. Dans une société où les professions à la fois libres et lucratives sont en butte à la défiance des pouvoirs et à de perpétuelles avanies économiques, les places seront recherchées avec passion. Si elles sont données à la faveur, les favoris du souverain ne trouveront jamais qu'il y en ait assez. Si elles sont données au concours, on prendra plaisir à entretenir grassement les électeurs intelligents aux dépens des citoyens riches. Quand on aura organisé un système d'instruction publique qui mène d'examen en examen les enfants du pauvre à l'entrée des emplois, tous les pères rêveront pour leurs fils des emplois bien rétribués, qu'il faudra multiplier comme on multipliait, sous l'ancien régime, les canonicats, les abbayes, les commanderies, les bénéfices de toute sorte, pour les cadets des familles nobles. Tout le monde mettant à la loterie, on accroîtra le nombre des lots. Une nation d'aspirants ne se croira jamais pourvue de trop de fonctionnaires. Il y a longtemps que cette manie nous possède, et que les moralistes nous criblent à ce sujet de railleries aussi spirituelles qu'inutiles. Les railleries même cesseront quand on verra dans l'abondance des emplois publics un moyen de remédier à l'inégalité. La pratique du « fonctionnarisme » est bien vieille ; il est temps d'en donner la théorie, et de montrer que cette prétendue maladie n'est qu'une des formes du progrès démocratique.

Les appointements croîtront aussi avec rapidité, et cela pour plusieurs motifs. On a beaucoup déclamé contre les gros traitements, parce qu'on voyait surtout dans les hommes qui les touchent les créatures du pouvoir. Quand ils seront les créatures du peuple, on en sera moins choqué. Peut-être le souverain tiendra-t-il à ce que ses serviteurs soient au moins les égaux des rentiers, des marchands et des industriels. Alors les ambassadeurs et les ministres seront sans doute moins rétribués, mais la masse des petits et des moyens fonctionnaires jouira d'une plus honnête aisance. Comme personne ne sera plus inamovible, ni par les lois ni par les mœurs, on devra gagner d'autant plus qu'on ne pourra compter sur un avenir assuré. La prodigieuse modération des employés actuels de l'Etat vient surtout de ce que leur médiocre situation leur est du moins à peu près garantie. Otez la garantie : il faudra doubler ou tripler les appointements.

On s'effraie de la charge croissante qu'impose au budget le service des pensions civiles et militaires. L'instabilité des fonctions et la transformation de l'armée semblent devoir alléger ce fardeau. En réalité il deviendra bien plus lourd, parce que l'État sera contraint de se faire l'assureur général de tous les citoyens ; je parle de l'assurance sur la vie. Ce sera une des premières conquêtes de la démagogie ; sur ce terrain, la bataille est au moins à moitié gagnée. Les esprits légers s'imaginent que ce n'est pas là une opération très onéreuse, parce que les compagnies d'assurances sont fort riches. L'analogie n'est qu'apparente. Les compagnies donnent des retraites aux gens qui ont payé exactement tous leurs termes. L'État en donnera à qui en aura besoin, jeunes ou vieux, travailleurs ou fainéants. Sans doute on peut imposer une cotisation obligatoire. Mais comme cette redevance sera payée par la masse de la nation, le suffrage universel ne manquera pas d'en abaisser le taux à un chiffre insignifiant. Figurez-vous une compagnie pourvue d'une réserve indéfinie et gouvernée par les assurés eux-mêmes. Cette compagnie, c'est l'État démocratique; la réserve, c'est l'impôt; les assurés, ce sont les électeurs.

D'autre part, la puissance des compagnies tient à l'accumulation des intérêts d'une somme une fois placée. Or, l'État n'accumule pas ; il dépense tout ce qu'il reçoit, et presque toujours d'avance. L'argent qu'on lui confie ne se reproduit pas. S'il se fait banquier, il sera vite entraîné à prêter à un taux très faible, et avec peu de discernement. Il n'y a dans un pays qu'une quantité limitée de placements sans risques. Quand l'État sera devenu l'assureur de tout le monde, que fera-t-il des primes versées par tout le monde, en admettant qu'il les exige, et qu'il ne les emploie pas sur-le-champ à ses besoins? Il les gaspillera de façon ou d'autre, soit qu'il consacre ses capitaux disponibles à des entreprises qu'il est incapable de diriger et même de choisir, soit qu'il les confie à des emprunteurs suspects, sous l'empire de préoccupations philanthropiques, politiques et électorales. Mais pourquoi insister sur ces hypothèses ? L'État ne place pas : il mange. Portons donc au budget des dépenses le chapitre redoutable de la Caisse des Retraites.

L'enfance n'a pas moins de droits que la vieillesse à notre sollicitude. Ce qui se passe sous nos yeux nous éclaire sur les exigences d'un prochain avenir. On n'a pas osé rendre l'instruction obligatoire sans la rendre gratuite. Au lieu de proclamer le devoir des familles, on a proclamé le devoir de l'État. Les familles n'auraient pu être astreintes qu'à un minimum de sacrifices. Dès qu'elles ont fait le nécessaire, et un nécessaire qu'on ne saurait élever bien haut sous peine de soulever un mécontentement général, on n'a plus rien à leur demander. Mais le budget apparaît au suffrage universel comme un trésor inépuisable. De là l'enflure progressive des programmes. Les programmes sont rédigés d'après les besoins de la population parisienne, et il serait choquant de les abaisser pour la province et la campagne.

Mais pourquoi l'enseignement primaire serait-il seul donné gratuitement? C'est un préjugé presque universel que l'instruction mène à tout. On a tant répété cet axiome qu'on a oublié le caractère et la conduite. Une démocratie vouée au culte de la logique et de l'égalité souffrira-t-elle que le hasard de la naissance assure aux enfants du riche un plus large développement intellectuel? On disait jadis que tout soldat portait dans son sac son bâton de maréchal de France; on dira de même que tout écolier porte dans sa tête son portefeuille de ministre. D'une part, sous l'empire de la confiance religieuse que nous inspire l'utilité de l'instruction, on grossira sans cesse et sans mesure le programme de l'enseignement primaire; c'est ce genre de progrès qu'on désigne du nom bizarre d'instruction intégrale, comme si tous les Français étaient appelés à devenir des encyclopédistes. D'autre part, l'enseignement secondaire et supérieur deviendra gratuit, et sera largement offert aux enfants pauvres qui gagneront des bourses au concours. Il peut arriver que l'on nuise ainsi au commerce, à l'industrie, à l'agriculture, en poussant aux carrières libérales des jeunes gens intelligents qu'une éducation plus modeste aurait rendus utiles dans une autre voie. Au bout de peu d'années, la France regorgerait d'avocats et de politiciens ambitieux, manquerait de commis laborieux et capables ; elle aurait trop d'artistes et trop peu d'artisans habiles ; elle posséderait plus de bons ingénieurs que de bons contre-maîtres, plus de bons contre-maîtres que de bons ouvriers. Mais on se rassurera si l'on pense que les concours mettent en lumière dix médiocrités pour un esprit supérieur, et que bien des hommes de mérite auraient été hors d'état de faire leurs preuves dans une tendre enfance. Il ne semble pas qu'en Chine, où l'instruction mène à tout, les lettrés soient l'élite de la nation. Le principal résultat de la gratuité de l'enseignement secondaire et supérieur, sera de multiplier outre mesure les candidats aux fonctions publiques. Comme les bacheliers auront des droits particuliers à la bienveillance de l'État, et qu'ils seront l'avant-garde des classes pauvres en marche vers l'égalité, on tiendra compte de leurs prétentions, ne fût-ce que pour soustraire le gouvernement à l'hostilité d'une meute de créanciers jeunes, ardents et affamés. Ce n'est pas une difficulté aussi grave qu'il semble ; nous verrons pourquoi.

Dans un pays où les familles sont déchargées du

soin de pourvoir à l'instruction des enfants, on ne voit pas pourquoi elles seraient obligées de pourvoir à leur éducation matérielle. L'école est le temple de l'égalité. C'est là que les futurs citoyens font l'apprentissage des vertus démocratiques, et l'on bannira de cette enceinte sacrée toutes les distinctions de la fortune. Les enfants seront donc habillés et nourris uniformément aux frais du Trésor. C'est là une idée que les docteurs modernes ont trouvée, ou cru trouver, dans l'héritage des républiques antiques, et qu'ils n'ont eu garde de négliger. Les philosophes de la Convention ont mis ce point hors de doute.

La grande Assemblée révolutionnaire attachait aux fêtes publiques une importance qui semble excessive. Elle en faisait une partie essentielle de son système d'éducation nationale. Des critiques peu bienveillants n'ont vu là qu'une imitation presque servile, qu'une parodie du culte catholique, que les législateurs essayaient de remplacer pour l'abolir plus sûrement. Nos pères ont peut-être caressé l'espoir de faire oublier les pompes religieuses par la magnificence des pompes civiques; ils se sont peut-être fait illusion sur la profondeur de l'impression que les grands spectacles officiels laissent dans l'âme des enfants. Mais la démocratie aime naturellement les fêtes, parce qu'elles sont le triomphe de l'égalité, parce qu'elles convient les plus pauvres à un régal que des rois pourraient envier. Il y a des jours où tous les citoyens sont appelés à savourer les mêmes jouissances, où ces jouissances leur sont offertes avec une profusion et une splendeur qui les enivrent.

Toute l'éloquence de Démosthènes n'a pu obtenir des Athéniens qu'ils fissent passer le soin de leur grandeur et de leur indépendance avant la satisfaction de leurs instincts d'artistes. Les fonds consacrés aux fêtes étaient sacrés; une loi redoutable interdisait aux orateurs d'en proposer la suppression ou la réduction, et ce courageux citoyen osait à peine faire entendre par des allusions timides qu'il était peut-être opportun de sacrifier les spectacles pour sauver la patrie. On peut rattacher au département de l'instruction publique le budget des plaisirs populaires; mais il s'agit en réalité d'un des besoins de la démocratie, et d'un besoin qui croîtra rapidement avec les progrès de l'égalité, jusqu'à imposer un fardeau pesant aux finances de l'État et des communes.

Avant l'école, qui leur sera ouverte de bonne heure, les enfants seront aussi à la charge de l'État, car il n'est pas juste que les parents qui donnent beaucoup de citoyens à la République, soient plus gênés que ceux qui limitent leur progéniture par égoïsme. Au sortir de l'école, ceux qui n'auront pas eu le bonheur de conquérir des bourses d'enseignement secondaire, entreront en apprentissage, et les apprentis seront, comme les écoliers, les pupilles de la cité. Autrement la misère vouerait les uns à un métier rebutant, pendant que les autres pourraient consacrer de longues années à se former dans un métier plus lucratif et moins pénible. Le concours sera la pierre de touche des vocations ouvrières comme des vocations libérales et artistiques. Les Chinois ne lui demandent que leurs mandarins; nous lui demanderons aussi nos bijoutiers et nos peintres en bâtiment.

Vous avez dû remarquer que dans les questions d'instruction publique, la liberté et l'égalité se concilient malaisément. C'est là un des motifs qui vous engageront à fonder toute votre doctrine politique sur le principe d'égalité, en ne donnant au principe rival qu'une place subordonnée. L'exemple des républiques anciennes est d'accord avec la théorie pour démontrer la nécessité de ce sacrifice, si vous jugez que ce soit un sacrifice. Puisqu'il est admis que l'éducation des enfants est la pierre angulaire de la démocratie, et que c'est sur les bancs de l'école que se forment les citoyens, il est difficile de contester à l'Etat le droit et le devoir de mettre la main sur les générations naissantes, même en dépit des familles. On pourrait objecter que l'enseignement des maîtres n'est efficace que quand il est conforme aux leçons du foyer, que les instituteurs ne sont pas beaucoup plus puissants que les gendarmes contre les idées dominantes et les mœurs héréditaires. Les gouvernements les plus dévoués au clergé n'ont pas réussi à lui livrer l'âme de la France; le premier soin des réactionnaires, quand ils arrivent au pouvoir, est toujours de s'emparer des écoles, et ils y perdent toujours leur peine. Le peuple de 89 et de 93 n'avait pas reçu l'instruction laïque. Vous répondez que l'enseignement, qui ne peut rien contre le courant des esprits, peut beaucoup pour l'aider; que dans une République, avec le suffrage universel, l'État est le représentant de la majorité des familles, et par conséquent absorbe le droit des familles ; que la vérité peut se servir utilement des armes inutiles à l'erreur, et que nous avons le droit d'imiter nos ennemis après les avoir blâmés, parce qu'ils ont toujours tort et que nous avons toujours raison. Ou plutôt vous ne répondrez rien ; pourquoi réfuter une objection à laquelle votre public restera parfaitement sourd, parce qu'elle choque à la fois ses préjugés les plus enracinés, ses passions les plus vives et ses instincts les plus puissants, les bons comme les mauvais ?

Le budget des travaux publics est peut-être celui qui subira le plus de progrès, je veux dire d'accroissement. Je ne parle pas seulement des chemins de fer électoraux, ni des ingénieurs complaisants qui seront tentés de prendre au sérieux les plaisanteries de Molière et de mettre toutes nos côtes en fameux ports de mer. On peut aller loin si l'on pousse le respect du principe d'égalité jusqu'à procurer à tous les cantons des moyens de communication également faciles. Ce qui coûtera peut-être encore plus cher, c'est que l'État sera sommé de prendre la place de toutes les grandes compagnies, dont la puissance, quoique collective, excite l'envie et la haine. On ressuscite pour ces associations de capitaux le nom de féodalité, qui dénonce à la défiance démocratique ces aristocrates à cent mille têtes. Mais ce n'est pas là une question de sentiment, et l'intérêt, bien plus que la crainte et la jalousie, poussera les pouvoirs publics à mettre la main sur des propriétés qu'on signale déjà comme des démembrements du domaine national. Tout pouvoir tend naturellement à s'étendre, quand rien ne lui résiste, et le peuple souverain ne fait pas exception. On rachètera donc les chemins de fer, car je ne veux pas supposer qu'on les confisque. On les rachètera pour faire profiter le public des bénéfices que réalisent les compagnies, pour abaisser les tarifs et améliorer la situation des employés. En se chargeant de l'industrie des transports, les gouvernants trouveront une occupation pour une partie des bacheliers dont l'instruction publique aura inondé le pays. Je n'insiste pas sur les gains illicites que peut procurer une administration aussi complexe ; l'exemple des États-Unis prouve que la démocratie n'exclut pas l'improbité. Laissons de côté ces frais accessoires, et les désordres que l'abus de la politique favorise dans certaines républiques comme l'absence de contrôle dans certaines monarchies.

Une fois entré dans cette voie d'envahissement, l'Etat ne peut guère s'arrêter. Les ouvriers qu'il emploiera seront mieux traités que leurs confrères de l'industrie privée ; ceux-ci voudront passer à leur tour sous un joug agréable et léger. Il sera presque impossible de maintenir dans les ateliers de l'État une discipline rigoureuse, de repousser, là plus qu'ailleurs, les prétentions du suffrage universel. Le droit au travail est un des premiers principes que proclamera une démocratie dégagée de toute entrave ; or les citoyens qui désireront mettre leurs bras au service de la communauté, sauront bien ne pas trouver d'emploi chez les particuliers. Les travaux publics recruteront toute une armée, qui ne se composera pas des travailleurs les plus robustes et les plus zélés, mais qui imposera le respect à ses chefs et se fera largement payer de ses peines. Pour fournir au moins un semblant d'occupation à tous ces volontaires, l'État sera contraint de faire concurrence à l'industrie privée, puis il sera tenté de supprimer la concurrence, après avoir constaté qu'elle est coûteuse pour lui et ruineuse pour les autres. Ce pot de fer cassera les pots de terre.

Tout contribuera à rendre inévitable l'expropriation successive des principales industries. Tantôt la loi, la justice et le gouvernement protègeront si bien les ouvriers contre la tyrannie des patrons, que ceux-ci perdront courage et se résigneront à être remplacés par des fonctionnaires. Tantôt les économistes à la mode prouveront que telle ou telle industrie intéresse trop directement la vie, la santé ou le bien-être des citoyens, pour être plus longtemps abandonnée à la direction d'avides spéculateurs. Parfois les villes et les départements créeront des ateliers qui produiront chèrement, mais qui livreront les produits à bon marché, et rendront ainsi toute lutte impossible. Alors on sera contraint d'achever l'œuvre et de substituer le monopole à la liberté.

Nulle part l'inégalité n'est aussi frappante que dans l'usine; l'ouvrier est tenu d'obéir, non à des magistrats élus par lui, mais à des hommes que la fortune lui donne pour maîtres. Le salariat est condamné comme une dernière forme de la servitude. L'expérience démontre que l'association libre ne réussit que dans des conditions difficiles à réunir. Il faudra donc faire passer les usines dans la main de l'État, afin que les travailleurs n'aient plus d'autres chefs que ceux qu'ils se donneront eux-mêmes, d'autres lois que celles qu'ils auront votées. C'est le rêve des principales écoles socialistes. Il est vrai qu'une si grande révolution fait peur. On peut l'accomplir doucement, et s'acheminer vers le but de progrès en progrès, une fois qu'il sera reconnu que le progrès économique consiste à affranchir le travail du capital, comme le progrès politique à affranchir le suffrage universel de toute entrave. Il est difficile de marquer d'avance les étapes de cette transformation, et surtout de prédire à quel moment le démagogue habile proposera de s'arrêter ou de revenir en arrière. Mais il est clair que la logique n'impose aucune limite à cette absorption de l'industrie par l'État. La pratique seule en pourrait dégoûter un peuple que ce système mènerait à la ruine, mais alors seulement que la ruine serait fort avancée. Avant de confesser une erreur économique, les gouvernements absolus, quels qu'ils soient, commencent par se fâcher contre les obstacles, et par croire que leur insuccès tient à leur modération.

Ce n'est pas que le peuple soit épris d'un vif amour pour les ateliers nationaux, ni que l'idée d'un embrigadement général des travailleurs le séduise beaucoup. Il a en somme peu de goût pour le communisme. Il préférerait qu'on lui fournît le moyen de se passer du capital, en lui assurant du crédit. On demanderait à l'État de l'argent, sous forme de papier-monnaie; on ne lui demanderait pas une direction.

Cet essai doit être tenté, non sans frais, mais sans

aucune chance de succès. Les associations ouvrières, comme les artisans libres et isolés, peuvent réussir sous l'aiguillon de l'intérêt et de la responsabilité. Les uns et les autres ne feraient que languir si le crédit leur était prodigué sans qu'ils eussent à le mériter et à le ménager. Après avoir subventionné les ateliers, l'État serait obligé de les gouverner et de les absorber.

Est-il nécessaire de démontrer que l'État, loin de gagner par cet envahissement tout ce que gagnaient les patrons, se chargera d'un lourd fardeau? S'il les indemnise, il contracte une dette énorme; sinon il sème la ruine et la colère. Le suffrage universel est à la fois producteur et consommateur. S'il fixe tous les prix par des lois politiques, en dépit des lois naturelles observées par les économistes, comme producteur il voudra être bien payé pour peu de travail; comme consommateur il voudra payer peu pour beaucoup de denrées. Il n'apercevra ce qu'il y a de contradictoire dans cette double prétention, que quand il aura reconnu, par une dure expérience, l'impossibilité de rétablir l'équilibre au moyen de l'impôt. On croit faire un grand profit en supprimant les intermédiaires. Mais dans une société prospère, les intermédiaires ne sont pas de simples parasites. Présider aux échanges, c'est une fonction qui ne deviendra pas gratuite le jour où elle cessera d'être une profession libre et privée. Malgré les déclamations qui tournent tant de têtes, il n'est pas certain que les industriels et les commerçants prélèvent sur les produits du travail humain, déduction faite de toutes pertes, une part plus considérable que ne ferait l'État pour solder ses employés. Ce qui est certain, c'est que les employés auraient moins de zèle, c'est que les excès du monopole sont une cause de gaspillage bien plus redoutable encore que les excès de la concurrence. Permettez-moi de ne pas insister sur une démonstration qui a été faite bien souvent, et qui serait inutile à notre dessein. Car il s'agit de vérités que l'expérience prouvera suffisamment, et que vous vous garderez bien d'annoncer avant que le peuple les constate à ses dépens.

Vous voyez que l'amour du progrès social et la recherche de l'égalité imposent à notre République un budget fort lourd. On aura beau supprimer les frais du culte; ce n'est que la soixantième partie des dépenses actuelles. Ce qu'on économisera sur l'administration centrale, on l'ajoutera aux frais de l'administration locale. Si l'armée coûte moins, la garde nationale coûtera cher. Serait-on amené à faire banqueroute? Les arguments ne manqueraient pas. On dirait que la dette est un legs de la monarchie, que les rentiers sont les ennemis de la Révolution, que les arrérages déjà payés ont largement remboursé les prêteurs, que l'existence d'une rente d'État entretient l'indépendance du capital et, par suite, sa domination sur le travail, et enfin qu'aucune génération n'a le droit d'engager l'avenir. Mais la banqueroute serait malgré tout une mesure violente, une secousse terrible, et nous faisons ici la théorie du progrès continu, non des coups d'État économiques. Occupons-nous donc seulement de la réforme des impôts.

C'est un lieu commun parmi les socialistes que l'impôt est réparti d'une façon inique, et ne pèse guère que sur les pauvres. Les économistes classiques, tout en admettant et en proposant des réformes, contestent la grossière injustice qui fournit un si ample thème à l'éloquence comme aux calculs de leurs adversaires. Nous n'avons pas besoin de nous engager dans cette épineuse discussion, puisqu'il ne s'agit pas pour nous de proportionner exactement les sacrifices aux facultés, mais de diminuer peu à peu l'inégalité des fortunes. Il est donc clair que l'impôt doit être progressif, et que les riches doivent abandonner au trésor public une plus forte fraction de leur richesse. La doctrine est ainsi d'accord avec le sentiment, et la majorité, qui se composera longtemps de citoyens peu aisés, sera charmée d'apprendre qu'en déchargeant ses épaules pour reporter le fardeau sur la minorité, elle accomplit un devoir et sert la cause du progrès.

On supprimera donc les taxes de consommation, qui atteignent tout le monde en raison des besoins, non en raison des moyens, et qui sont évidemment injustes quand on néglige de les balancer par des impôts qui frappent uniquement le capital, comme les droits de succession et d'enregistrement. L'amour de la logique et de la simplicité engagera les législateurs à remplacer la multitude des impôts par un impôt unique et progressif sur le capital ou sur le revenu. On aura le choix entre ces deux formules, dont le sens n'est peut-être pas aussi différent qu'on le prétend parfois.

Dans les sociétés primitives, presque toute la richesse consiste en biens-fonds, et les biens-meubles eux-mêmes sont plus faciles à saisir. Les laboureurs ne sauraient dissimuler leurs récoltes, et les marchands ne peuvent cacher qu'une partie de leurs marchandises. Aussi l'impôt est-il d'une perception relativement aisée, même quand il est vexatoire. Il n'en est pas de même dans notre siècle et dans notre pays. Les capitaux engagés dans la banque sont essentiellement internationaux, et disparaîtraient dès qu'ils seraient sérieusement menacés. Les capitaux engagés dans le commerce et dans l'industrie ne sont guères moins fugaces. Une taxe trop lourde arrêterait les affaires en supprimant les bénéfices ou en les réduisant à trop peu de chose pour qu'ils continuent à compenser les risques. Toute crise cause des pertes incalculables et des maux infinis. Comme la concurrence n'est pas moins acharnée entre les nations qu'entre les individus, les impôts qui ralentissent la production et la circulation des richesses produisent des désastres irréparables, car toute place quittée est aussitôt occupée. Dès qu'une usine se ferme chez nous, une usine s'ouvre en Angleterre ou en Allemagne, à moins que le nombre des consommateurs ne diminue.

Il faut donc s'attendre à ce que l'impôt unique sur le capital ou sur le revenu ait quelque peine à s'établir. Toutefois la difficulté paraîtra moins insurmontable, si le législateur est résolu à ne reculer devant aucun moyen de progrès, devant aucune des conséquences du principe posé. On commencerait par changer les conditions du commerce extérieur en frappant de droits de douanes prohibitifs toutes les marchandises qui peuvent être produites en France ; on se flatterait ainsi de protéger l'industrie nationale contre les effets désastreux des lourdes taxes qui grèveraient ses profits ou son outillage. La plus importante des industries est encore l'agriculture, qui n'émigre pas, qui ne chôme guère. Pour éviter que le prix des subsistances ne s'élevât soudain, on ferait en sorte que l'impôt retombât presque uniquement sur la rente du sol. Pour toutes les terres louées, le fermage répondrait de l'impôt; quant aux terres cultivées par le propriétaire, l'impôt serait en quelque sorte l'équivalent d'un fermage payé à l'Etat. Le cultivateur perdrait ainsi l'intérêt de son capital, mais non le fruit de son travail.

Il est une autre classe de capitaux qui ne peuvent fuir : ce sont les rentes sur l'Etat. Si la dette publique n'est pas abolie sans détour, elle offrira du moins un revenu sur lequel la communauté prélèvera la part qu'elle voudra. Ici on n'a pas la peine de prendre : il n'y a qu'à retenir. Or les rentes sur l'Etat ne seront pas seulement la représentation des sommes prêtées au pays ; les actions et obligations des chemins de fer et des mines deviendront aussi des titres soumis à toutes les retenues qu'il plaira au législateur de leur infliger. Les expropriations successives dont nous avons déjà reconnu la nécessité, transformeront une bonne partie des capitaux industriels de la France en créances sur l'Etat, créances passives et sans défense, sujettes à des réductions progressives, ôtages voués à toutes les avanies.

En confisquant les biens du clergé avec une partie de ceux de la noblesse, la Révolution a déplacé la propriété sans la transformer. Aussi a-t-elle supprimé l'inégalité politique, et laissé subsister tout entière l'inégalité sociale. Les hommes de 93, qui seuls ont songé à détruire cette dernière, n'ont pas eu le loisir d'appliquer leur idéal; occupés à tirer parti de l'échafaud, ils n'ont pu tirer parti de l'impôt, ni établir un système fiscal destiné à rapprocher graduellement la condition des citoyens. Comme ils usaient largement de l'expropriation par la guillotine, ils ont négligé les ressources de l'expropriation lente et indirecte. C'étaient des hommes d'État; ce n'étaient pas des économistes, même à rebours. Leurs querelles intestines les ont perdus avant que leur esprit se fût élevé à la conception du progrès tel que l'entendent les socialistes modernes; s'ils ont eu cette conception, les moyens de la réaliser leur ont échappé. D'ailleurs la violence de leur gouvernement jetait le pays dans une crise qui rendait toute réforme des impôts impossible ou éphémère. La confiscation après décès, les assignats et le maximum sont des expédients transitoires, des armes de guerre que la paix devait briser. L'idée de l'évolution faisait défaut à ces esprits énergiques, qui ont employé une force prodigieuse à produire des effets insuffisants, parce qu'ils ne connaissaient pas, ou ne pouvaient appliquer la méthode progressive. Leurs héritiers montreraient sans doute plus de douceur et plus de constance. Ils n'useraient ni de la proscription ni de la confiscation ; ils remplaceraient la loi des suspects par une loi de finances, et le bourreau par le percepteur. En 93, on prenait les biens de Pierre pour les donner à Paul, et l'on ruinait l'aristocratie pour enrichir la bourgeoisie. La démocratie future ferait passer une grande partie de la fortune publique dans les mains de l'Etat, pour faire de l'Etat le régulateur de la richesse. Au lieu de bouleverser la société par une sorte de cataclysme, on la nivellerait par un travail incessant et systématique.

Mais le plus commode, le plus productif et le plus efficace des impôts, c'est l'impôt sur les successions. Il existe déjà, et l'on n'a pas la peine de l'inventer et de le faire accepter : il n'y a qu'à l'accroître. Certains légistes, qui ne se donnent pas pour révolutionnaires, et qui se flattent de défendre la propriété, considèrent l'héritage comme une institution sociale, non comme un droit naturel, et soutiennent que le législateur peut, sans violer l'équité, le restreindre ou même le supprimer. Le courant des idées nouvelles paraît peu favorable à l'hérédité des biens. Si la propriété n'a d'autre origine que le travail, on peut contester qu'un homme ait le droit de profiter du travail d'autrui. La législation française limite la liberté de tester ; on se demande si la volonté des morts peut lier les vivants.

Les logiciens de l'égalité réclament souvent ce qu'ils appellent l'égalité du point de départ, et veulent que tous les hommes, à leur entrée dans la vie, soient pourvus par la société des mêmes ressources spirituelles et matérielles. N'est-ce pas le sens de cette maxime populaire, si banale et pourtant grosse de conséquences encore inédites : chacun doit être l'artisan de sa destinée ? On admet que nous soyons récompensés de nos efforts, de notre tempérance, de notre persévérance, et même de la supériorité de notre esprit et de nos forces ; est-il juste que le paresseux et le débauché jouissent de toutes les douceurs de la vie, pour s'être seulement donné la peine de naître, mot profond que les bourgeois ont inventé pour abattre la noblesse ? Nous touchons ici au nœud de la question sociale : l'héritage, voilà l'ennemi.

Rien de plus facile que d'infliger à cet ennemi des pertes successives, que de déraciner l'hérédité par degrés, sans secousse ni péril. Il n'y a point de révolte à craindre ; les hommes défendront toujours avec moins d'âpreté les biens qui ne leur auront rien coûté à acquérir. A qui l'Etat fait-il tort en prélevant une large part de chaque succession ? Le mort ne peut subir aucun dommage ; le vivant n'a pas à se plaindre : ce qu'on lui laisse est encore un bénéfice net. On supprimera d'abord la succession ab intestat en ligne collatérale, en commençant par les degrés les plus éloignés. La loi est-elle obligée de croire à la tendresse d'un mourant pour des neveux ou des cousins qu'il n'a pas élevés, qu'il n'a peut-être pas connus ? Ceux qui voudront tester ne disposeront que d'une partie de leurs biens, les deux tiers, la moitié ou même moins, selon la valeur de ces biens. On prouvera sans peine que le véritable et légitime héritier du riche sans enfants, c'est la communauté. Quant aux successions en ligne directe, elles seront soumises à un impôt progressif, qui en deux ou trois générations dispersera toutes les grandes fortunes, dont on a vainement essayé d'empêcher la reconstitution par l'établissement du partage égal. Les riches fraudent à la fois la loi et la nature par leur stérilité volontaire. Quoi de plus conforme aux sentiments de justice et d'humanité que de décapiter l'aristocratie sans décapiter les aristocrates, que de frapper l'opulence dans ce court passage d'une main à l'autre, et pour ainsi dire en l'air, sans dépouiller personne ? Qu'un père s'impose des fatigues et des privations pour faciliter l'entrée de ses enfants dans la vie, et même pour les mettre à l'abri du besoin, cela se conçoit à la rigueur : a-t-il le droit de leur assurer toutes les jouissances d'un luxe insolent ?

Les moralistes dénoncent l'amour des richesses comme la cause de la plupart de nos maux; tous reconnaissent que la cupidité peut être sans bornes, qu'on amasse pour amasser, que les avares éprouvent une singulière volupté à la pensée qu'ils posséderont leurs biens même au-delà du tombeau, dans la personne de leurs descendants, qui seront la chair de leur chair. Ce sont moins leurs enfants qu'ils aiment en accumulant un trésor, que le trésor lui-même, dont ils s'imaginent ainsi n'être jamais séparés. L'avarice consacrée par l'esprit de famille devient ainsi une avarice collective, aussi envahissante, aussi insatiable, aussi dépourvue de scrupules que celle des communautés qui accaparent la terre et l'or avec l'énergie d'une fièvre sans rémittence et la force d'une volonté plusieurs fois séculaire. Restreindre l'héritage, c'est donc mettre un frein à la plus terrible des passions, guérir une des plaies les plus envenimées de la société humaine.

Une fois qu'on a commencé à ébranler la superstition de l'hérédité des biens, on ne se lasse pas de porter de nouveaux coups à l'idole. La logique du progrès est implacable. Nous avons supprimé les grandes fortunes ; laisserons-nous les fortunes moyennes se transmettre d'une génération à l'autre? Accorderons-nous ce dernier refuge à l'inégalité? Si la naissance ne fait plus de grands seigneurs, fera-t-elle encore des bourgeois? Ce qui est juste contre les magnats ne sera-t-il pas juste contre les hobereaux? Qu'est-ce après tout qu'un héritage, même modeste? Une faveur du hasard, un billet sortant à la loterie de la vie et de la mort, une prime à l'oisiveté, une insulte à l'existence laborieuse des enfants du pauvre. Un jour viendra donc où le législateur achèvera d'extirper cet abus lentement déraciné. Il dira au fils : « Cet argent que tu convoites, l'as-tu gagné ? » il dira au père : « Si ton fils est vertueux, il n'a pas besoin de ce que tu lui laisses. Sinon nous ne te permettons pas de le soustraire aux conséquences de ses fautes et de ses vices. »

Cette révolution aura été longuement préparée par l'affaiblissement et la dissolution de la famille. Considérez en effet comment le progrès transforme cette vieille institution. Les anciens plaçaient à l'origine des temps l'âge de la sagesse et de la vertu. La philosophie moderne, en proclamant l'empire de l'intelligence et de la science, aboutit à cette conclusion, que les fils valent mieux que les pères. L'autorité domestique reçoit ainsi une mortelle blessure, que notre système d'assurances par l'Etat va sans cesse élargir. L'enfant ne reçoit plus de ses parents ni la foi ni le savoir, ni même le pain ; il appartient de plus en plus à la République, de moins en moins à ceux qui lui ont donné le jour par hasard. De même leur vieillesse n'a pas à compter sur lui, puisqu'elle compte sur la nation. Pour empêcher que le sentiment de l'inégalité se perpétue dans les cœurs, pour mieux plier les jeunes âmes aux institutions nouvelles et rompre la tradition des préjugés, le gouvernement s'efforce d'isoler l'école du foyer, ou plutôt de remplacer le foyer par l'école. Organe de la puissance suprême et de la raison publique, l'instituteur grandit; le père décline. Les démocraties antiques, si zélées pour le maintien du pouvoir paternel, étaient des démocraties conservatrices et religieuses. Elles croyaient à l'immobilité des lois et des mœurs, à la sainteté de la famille, à la divinité des Lares et des Pénates. Elles demandaient la vertu aux dieux protecteurs du lit nuptial et de l'autel domestique ; elles vivaient de tradition. La société moderne vit d'innovation. Elle demande la vertu à la science, et la science à l'instituteur, ce prêtre de l'avenir.

Ce qui fait la force du lien conjugal, avec la religion, avant la religion, ce sont les besoins et l'intérêt des enfants. Ces besoins disparaissent au bout de peu d'années, grâce à la sollicitude de l'Etat; cet intérêt s'affaiblit et s'évanouit avec l'hérédité des biens. Le mariage perd donc sa principale raison d'être. Il n'a plus le caractère d'un sacrement, ni même de ce qu'on pourrait appeler un sacrement civil et laïque. C'est un simple contrat toujours dissoluble. Le législateur ne s'occupant plus des mœurs qu'au point de vue de l'hygiène, ne saurait proscrire ni flétrir les libres rapports des deux sexes. L'égalité exige que les enfants naturels jouissent des mêmes droits et des mêmes avantages que les enfants légitimes, ou plutôt tous les enfants sont légitimes et égaux devant la mère. Ici encore nous marcherons pas à pas ; nous irons du divorce judiciaire au divorce à volonté, du mariage dissoluble au mariage libre, c'est-à-dire à l'abolition du mariage, qui cesse d'être un lien pour n'être plus qu'un fait, une communauté temporaire d'habitation et d'intérêts.

La rupture de la chaîne conjugale aura-t-elle pour résultat d'établir l'égalité entre l'homme et la femme? Devons-nous à ce propos prédire et réclamer la chute de la dernière aristocratie, l'aristocratie du sexe? Il est difficile de contester en théorie cette conséquence de notre principe. Dans la pratique, il peut être dangereux de prêcher trop nettement l'affranchissement politique de la femme et son avènement au droit de cité. On risquerait de passer pour un amateur de paradoxes ; on s'exposerait au ridicule, et l'on ne serait peut-être pas récompensé par l'approbation et l'estime de celles dont on aurait embrassé la cause. Il vous appartiendra de tâter l'opinion et de ne vous hasarder qu'à bon escient. D'ailleurs il ne manque pas de réformes à proposer en faveur de la femme, avant de demander pour elle le bulletin de vote. Comme l'aptitude au service militaire assure aux hommes une supériorité au moins provisoire, mais incontestable, j'estime que la question ne sera mûre que quand la paix perpétuelle sera solidement établie. Cela vous donne du temps.

Nous sommes ainsi arrivés peu à peu, sans violence et sans secousse, à établir le règne de la justice, selon la maxime que tout le monde répète et que peu de gens comprennent : « A chacun selon ses œuvres. » Est-ce là le dernier mot du progrès? D'éminents socialistes n'y voient qu'une étape. On connaît la formule chère à Louis Blanc : « De chacun selon ses facultés ; à chacun selon ses besoins. » Car l'égalité du point de départ laisse subsister toutes les inégalités qui résultent de la force intellectuelle ou matérielle des uns, de la faiblesse des autres. Le hasard de la naissance ne distribue plus aveuglément la fortune et la misère ; il distribue encore les facultés qui mènent à la fortune, les défauts qui conduisent à la misère. L'iniquité n'est plus héréditaire : elle est encore viagère. Le droit à l'assistance n'est qu'un palliatif, car l'assistance, quelle qu'en soit la forme, ne donnera jamais tout ce que possèdent ceux qui n'y ont point recours. Mais nous touchons à un redoutable problème. Comment empêcher l'élévation des uns et la chute des autres sans porter atteinte à la responsabilité, à la liberté, sans tomber dans le communisme despotique dont Platon a tracé la repoussante image, dont les couvents ont donné l'exemple dans des conditions exceptionnelles?

Certains théoriciens préconisent l'équivalence des

fonctions, c'est-à-dire l'égalité des salaires pour toutes les professions et tous les emplois. On peut craindre qu'un tel régime ne supprimât l'émulation et ne brisât le maître ressort de l'action humaine. Sans aller aussi loin, on peut concevoir un état social où l'inégalité, même viagère, serait sans cesse combattue et atténuée par les lois et les institutions économiques, où la propriété privée se perdrait graduellement dans l'association, où il ne subsisterait plus d'autre différence entre les hommes que la hiérarchie des fonctions électives, où le suffrage universel travaillerait continuellement à tenir en bride et à rapprocher du niveau commun les forts, les habiles, les heureux. Mais prenons garde de nous noyer dans les utopies. Au-delà de certaines limites, le socialiste le plus déterminé sent le sol se dérober sous ses pas. Quelques esprits vigoureux se plaisent dans ces conceptions aventureuses, se lancent à corps perdu dans l'obscurité. Mais le peuple ne les suit guère dans leurs téméraires expéditions, et ils risquent de le rebuter par l'étrangeté de leurs rêves ; ils imposent à son imagination des efforts excessifs. Comme la science, la politique peut aspirer à des progrès sans borne, ouvrir en tous sens des routes dont la perspective s'enfonce dans l'infini ; mais la politique ne peut pas plus que la science deviner pour une longue période les découvertes de l'avenir, ni marquer des étapes dans un monde inconnu.

Le seul principe d'égalité nous a conduits à travers une longue série de conséquences dont le terme se dérobe à notre esprit. Nous aboutissons peut-être à l'utopie ; nous ne nous y jetons pas de plein saut. Nous ne prêchons pas une révolution violente, une transformation subite et douloureuse. Et d'ailleurs que resterait-il au démagogue, qui fait métier de conduire le peuple, si le peuple arrivait au but du premier coup ? Le temps des cataclysmes est fini ; nous sommes entrés dans l'ère de l'évolution. Les nations veulent maintenant savoir où elles vont, mais elles savent aussi qu'il faut compter avec le temps. Elles font à ce collaborateur sa part ; si elles la lui font trop petite, il s'en dédommage bien. Elles admettent la nécessité d'une méthode et d'une gradation. Aussi y a-t-il entre l'habile démagogue d'aujourd'hui et celui d'autrefois la différence d'un négociant à un joueur ; l'un risque tout sur un coup de dés ; l'autre s'achemine vers la fortune pas à pas, ménageant ses réserves et assurant ses derrières.

Votre tâche consiste donc moins à tracer le tableau de l'humanité future qu'à indiquer le sens du progrès pour y mener ou y pousser vos concitoyens. Si vous étaliez trop vite vos plans, si vous mettiez trop de précision dans votre programme, vous vous heurteriez d'abord à trop d'adversaires. Par la discrétion de votre langage et le vague de vos peintures, vous séduirez presque tout le monde, et vous entraînerez la foule sur vos pas. Tous les amis des réformes seront vos collaborateurs, et les timides même vous suivront jusqu'à un certain point. Peu à peu les hommes dont vos entreprises choqueront les convictions ou les intérêts se détacheront de vous, mais vous pouvez aller loin sans que la majorité vous abandonne. Car s'il est bien établi que l'envie est une vertu, les envieux seront longtemps en majorité. Quand vous aurez porté assez haut votre fortune politique et votre popularité, ou quand l'expérience aura lassé le peuple, vous vous arrêterez, et vous donnerez le signal de la halte. Le comble de l'art, pour les tribuns, est de faire coïncider l'heure de la lassitude populaire avec celle de leur plus grande élévation, pour jouir en paix de tout ce qu'ils ont gagné dans la lutte. Si Robespierre avait eu ce tact, il eût devancé Napoléon. Mais Robespierre roulait sur la pente de la violence : vous cheminerez dans la voie du progrès. A quoi bon d'ailleurs prévoir les choses de trop loin? Mon rôle est de vous ouvrir la carrière, non de vous en marquer le terme. Nous sommes presque tous maîtres de nos débuts; plus nous avançons, plus notre volonté devient l'esclave des circonstances. Je connais la France d'aujourd'hui, et je vous promets des succès; je ne connais pas la France de demain.

LIVRE IV

DANS LA CARRIÈRE

LIVRE IV

DANS LA CARRIÈRE

CHAPITRE PREMIER

LA PRESSE

Si vous étiez sujet d'un prince, il vous faudrait d'abord trouver accès auprès de lui ; n'est pas courtisan qui veut. Dans une monarchie, la vocation, la volonté, le talent ne suffisent pas ; il y faut encore la naissance et l'occasion. Dans une république, le souverain est accessible à tous ; à toute heure on peut l'aborder et le séduire : il n'est que de se faire entendre.

Autrefois le barreau attirait les ambitieux. Une belle plaidoirie improvisait une réputation durable. Les électeurs allaient chercher au prétoire la plupart de leurs représentants, surtout quand ils voulaient donner une leçon au pouvoir. Les avocats inspiraient autant de jalousie à leurs rivaux sans robe que d'inquiétude au gouvernement. Mais leur règne est passé. Il n'y a plus guère de procès politiques. Quand la presse est asservie, ou du moins gênée, c'est devant un tribunal qu'on peut parler avec le plus de hardiesse. Quand la presse a toutes ses aises, l'éloquence judiciaire n'a plus de privilège ; contenue par la sévérité du tribunal, par la rigueur des convenances, des coutumes et des règlements, elle paraît assez froide à côté des ardeurs de la presse et de la tribune populaire. Je ne trouve pas mauvais que vous sachiez le droit : l'étude des codes et de la jurisprudence vous fera trouver des réformes à proposer, des questions à soulever; votre esprit sera plus fécond en arguments et en expédients. Mais c'est par la presse que vous vous signalerez au maître à qui vous devez plaire.

Je ne dirai pas que tout journaliste est un flatteur, il y a trop d'exceptions. Mais il faut avouer que le métier du journaliste ressemble un peu à celui du courtisan. On ne caresse que les préjugés dont on est dupe et les passions qu'on partage, mais on les caresse tous les jours. On se pique d'une rude franchise, d'une sincérité courageuse ; on censure âprement le pouvoir; on dit même au peuple ses vérités. Mais on répète chaque soir ou chaque matin à son parti, à son lecteur : « Tu as raison; tu luttes pour la bonne cause; tu es le soldat de la justice et du droit. Tes chefs sont grands; tes compagnons d'armes sont des braves; tes adversaires sont des sots ou des méchants, des faquins ou des coquins, ou tout au moins des dupes. » Le journaliste loue ses abonnés, même sans y penser. Il les loue dans les articles de fond, en les confirmant dans leurs opinions; il les loue dans sa polémique, en leur montrant combien ils sont supérieurs aux adeptes du parti contraire. Il les loue dans leurs croyances et dans leur scepticisme, dans leurs goûts et dans leurs répugnances, dans leurs amours et dans leurs haines. Je ne sais si Louis XIV, aux jours de sa splendeur, recevait des louanges aussi bien tournées, aussi continuelles, aussi variées, aussi capiteuses que celles que chacun de nous peut se procurer pour un sou.

Sans doute il est des écrivains qui poussent la franchise jusqu'à blâmer leur parti. Mais ils mettent plus de ménagements dans leurs remontrances que le Parlement de Paris s'adressant au roi. Ils emploient à cette tâche difficile toutes les ressources de l'exorde insinuant, de la périphrase et de l'euphémisme. Les plus austères s'ingénient à enduire d'un miel exquis les bords de la coupe ; encore prennent-ils soin de n'y pas verser trop souvent un breuvage amer. On douterait de leur fidélité à la cause qu'ils servent ; on les accuserait de trahison ; on les montrerait au doigt. Souvent vous voyez un journaliste rudoyer ses amis, tonner contre leur faiblesse et leur pusillanimité; vous êtes tenté de le prendre pour un Bourdaloue. Ne vous y trompez pas : ces violences sont encore des flatteries; ces reproches n'ont pour objet, ou pour résultat, que de déchaîner une passion qui n'osait se donner carrière. Ce prédicateur ne fait la guerre qu'aux scrupules, et ses coups les mieux assénés chatouillent nos fibres les plus secrètes.

Ceci n'est pas une satire, et je n'instruis point le procès du journaliste. Après tout il fait son devoir.

C'est un avocat qui plaide tous les jours la même cause, une cause qui lui est chère. Ne doit-il pas employer tous les moyens efficaces pour encourager ses alliés, pour en gagner de nouveaux, pour enfoncer plus avant dans l'esprit de ses lecteurs la conviction qui l'inspire et qui l'honore? Ne cherchera-t-il pas à faire des conquêtes, à persuader les indifférents et à réchauffer les tièdes? A-t-il le droit de dire tout ce qu'il pense et tout ce qu'il sait? Certaines vérités ne seraient-elles pas sous sa plume des aveux compromettants? Un excès de franchise et de bonne foi ne passerait-il pas pour une demi-trahison, en présence d'ennemis qui font arme de tout?

Ce n'est pas de la presse en général que nous avons à nous occuper ici, mais de la presse démagogique. Vous ne souhaitez point que je vous déduise longuement les préceptes d'un art dont les modèles sont si accessibles et si achevés. Mais pour vous rendre compte de la méthode que suivent les maîtres, il ne suffit pas de les lire; il faut connaître les matériaux dont ils se servent, comme pour juger de l'habileté d'un avocat il faut avoir étudié le dossier, et entendre la plaidoirie de l'adversaire. Un fin courtisan n'est goûté que du maître, mais il n'est apprécié que de ceux qui savent ce que vaut le maître. Voulez-vous admirer un journaliste? Voyez ce qu'il tire d'un fait insignifiant, ou même fâcheux, comment il l'arrange en le racontant, comment il en fait ressortir certaines circonstances, en laissant les autres dans l'ombre, comment il le rattache à des causes lointaines, et en tire des conséquences inattendues;

comment il transforme graduellement une hypothèse en présomption, une présomption en certitude ; avec quelle aisance il s'impose la loi de rappeler tout ce qui sert, et d'oublier tout ce qui nuit. Le public se doute-t-il de la peine qu'on se donne pour lui plaire toujours, même quand on est contraint de lui fournir des informations qui devraient l'affliger, si on les lui présentait toutes nues ?

La polémique n'a pas de secrets, bien qu'il ne soit pas facile d'y exceller. C'est comme l'escrime : un maître d'armes vous montrera tous les mouvements en une leçon, mais il faut des années pour acquérir la promptitude du coup d'œil et du poignet. Travestir l'opinion de l'adversaire, le citer habilement, en divisant ce qu'il a uni, en confondant ce qu'il a distingué ; déplacer la question, se jeter sur les personnes quand les choses sont gênantes, et réciproquement ; faire doucement violence à l'histoire en dissimulant tour à tour les différences et les analogies selon qu'on veut s'autoriser d'un exemple ou contester la valeur d'une expérience ; mêler à propos le raisonnement et l'émotion ; conclure du particulier au général ; glisser dans le débat des principes abstraits qui ont l'air inoffensif et dont on tirera tout à coup des conséquences écrasantes ; douter de tout et ne douter de rien ; enfin persuader aux lecteurs que c'est leur cause qu'on plaide, leur intérêt qu'on soutient : tout cela est à la fois l'enfance et le comble de l'art. Rien n'est plus simple en théorie ; la pratique est infiniment variée, souvent délicate. Il est vrai que les juges sont prévenus. Il s'agit d'avoir raison, non aux yeux d'un arbitre impartial, mais aux yeux de l'abonné. Les polémistes qui l'oublient commettent parfois des imprudences, accordent des concessions dangereuses, ébranlent par une démonstration maladroite des propositions qui sont des axiomes pour leur public spécial.

La presse, qui est pour d'autres une profession, n'est pour vous qu'un moyen de parvenir. Elle doit vous faire connaître, non vous faire vivre. Vous servirez cordialement la cause que vous aurez embrassée, mais en homme d'Etat, non en simple soldat, et sans jamais la séparer de votre cause personnelle. Vous combattrez pour la victoire, mais pour une victoire opime.

Débutez autant que possible dans un journal qui ait la vogue et qui la donne. En matière de presse, quoi qu'en dise César, il vaut mieux être le dixième à Rome que le premier dans une bourgade. Ou bien faites choix d'un de ces journaux que dirige un chef de parti, et dont la rédaction est un état-major. Fuyez l'anonyme et le pseudonyme, à moins que vous n'éprouviez le besoin de dissimuler votre inexpérience et de cacher vos écoles, ou que vos collaborateurs ne soient assez puissants pour vous porter d'un seul coup aux honneurs. Gardez-vous de la modestie comme d'un vice ridicule ; songez que de nos jours c'est la jeunesse qui confère l'autorité ; il n'appartient qu'aux vieillards d'être timides et réservés. Soyez fier et hardi, pendant qu'on n'a encore à vous reprocher ni une faute, ni une erreur, ni un repentir. Ne craignez pas le paradoxe, pourvu que vos paradoxes soient l'exagération, et non le contre-pied des préjugés à la mode.

Faites choix d'une passion qui inspire tous vos articles, qui soit l'âme visible de toutes les productions de votre esprit. Si l'on vous croit bien échauffé, on vous pardonnera plus d'un excès et plus d'une redite. Il est bon que cette passion soit une haine : la haine du clergé, la haine de la noblesse, la haine des mauvais riches, des agioteurs, des exploiteurs, de la féodalité financière et industrielle. Dites bien haut que vous avez fait contre cet ennemi un serment d'Annibal. Souvenez-vous de Caton et de son refrain sur la destruction de Carthage. Les refrains donnent l'idée d'une volonté inflexible et d'une persévérance sûre d'atteindre le but. En dirigeant vos efforts sur un seul point, vous acquerrez plus vite la notoriété, votre avis en aura plus de poids. Vous pourrez étudier la question à votre aise, découvrir le premier les réformes à proposer, les abus à dénoncer, les griefs à faire valoir. Ce n'est pas l'homme d'un seul livre qui est à redouter, c'est l'homme d'une seule idée. Plus tard vous étendrez votre action ; commencez par la concentrer. Ne perdez pas votre temps à démontrer des idées reçues ; soyez novateur. Si c'est au clergé que vous faites la guerre, inventez des nouveaux moyens de le tracasser, forgez de nouvelles armes pour le combattre ; trouvez-lui des privilèges dont il jouisse encore, des crimes qu'on ait oublié de lui reprocher. Si vous vous donnez la peine de méditer et d'approfondir votre sujet, vous ne tarderez pas à vous distinguer ; la plupart de vos confrères, engagés à fond dans la mêlée, absorbés par les soucis de la vie parisienne, peut-être fatigués par un excès de production, cheminent dans les sentiers battus, et n'ont pas le temps de chercher du neuf.

Quel que soit l'objet spécial de vos études et de vos efforts, vous devez connaître l'histoire de la Révolution française comme les théologiens connaissent l'Écriture sainte. C'est votre Écriture sainte; c'est une mine inépuisable de faits, de mots et d'idées. Pendant cinq ou six ans, toutes les passions ont été déchaînées, toutes les vertus ont eu leur apothéose, tous les crimes leur excuse. Il n'est pas une question de gouvernement, de stratégie civile, de législation politique ou sociale, qui n'ait été soulevée, remuée, tranchée de plusieurs façons pendant ces quatre ou cinq années plus remplies que deux ou trois siècles ensemble. Les lois votées par les Assemblées, les motions des clubs et des journaux de ce temps forment un recueil où pourraient puiser dix générations de réformateurs. Quand vous ferez un emprunt aux orateurs et aux écrivains de cette époque, n'hésitez pas à l'avouer, à indiquer vos sources. Les hommes de la Convention ont hérité de l'ancien et du nouveau Testaments, des prophètes, des apôtres, des martyrs et des docteurs. Ceux qui se sont proscrits les uns les autres sont réconciliés par la postérité : Robespierre et Danton s'embrassent dans le Panthéon révolutionnaire.

Par une contradiction naturelle au cœur humain, les esprits les plus amoureux du changement aiment à invoquer l'exemple du passé, d'un certain passé. Les parvenus veulent des ancêtres. Une sottise même ou une absurdité choquante tirerait d'une citation de Saint-Just ou de Cambon un lustre inattendu. Il vous est permis de vous souvenir de Vergniaud ou de Mirabeau, mais la Montagne seule fait autorité. Les Constitutionnels et les Girondins sont comme certains écrivains fameux des premiers siècles de l'Église, les Tertullien, les Origène, qui ont laissé des chefs-d'œuvre, mais qui ont mal fini; on les cite pour orner le discours, non pour trancher le débat. Quant aux Thermidoriens, ce ne sont pas des hérétiques, mais des renégats. La chute de Robespierre, ayant amené une réaction, est regardée comme un événement funeste, même par les gens à qui Robespierre eût fait horreur s'ils l'avaient vu à l'œuvre. Les moins sanguinaires des hommes sont parfois les plus empressés à maudire la journée qui mit fin à la Terreur.

Les règles que je vous indique souffrent pourtant des exceptions. Condorcet, quoique Girondin, est resté à la mode pour son athéisme, sa théorie du progrès et ses idées sur l'instruction publique. On pardonne à Carnot d'être devenu presque royaliste et de s'être laissé faire comte de l'Empire, parce qu'il a organisé la victoire. Il ne faudrait pas non plus reprocher à Jean Bon-Saint-André d'avoir accepté de Napoléon une préfecture, ni à Lakanal d'avoir témoigné à M. Guizot la plus cordiale sympathie. Il y a des péchés cachés et des mérites qui excusent tout.

Les cinq années de la Révolution (1789-1794) suffiront à votre érudition historique. Quant à l'ancienne France, vous n'avez pas besoin de la connaître ; cela pourrait même vous gêner. Il est convenu que les annales de la monarchie forment un long amas de turpitudes, que jusqu'en 89 le peuple n'a connu que la servitude et la misère. La polémique contemporaine a si bien rassemblé et mis en lumière toutes les laideurs de l'histoire de France, qu'il est inutile de remonter aux sources pour enrichir un arsenal si abondamment garni. Vous risqueriez même, si vous y regardiez de trop près, de tomber dans le doute au sujet de certains faits souvent allégués, de certains mots souvent cités, de certaines opinions reçues, et cela nuirait à votre sincérité.

Il est une science dans laquelle il vous importe de paraître versé : c'est l'économie politique. Le peuple est las de s'entendre objecter les lois naturelles de la production et de la distribution des richesses. Dans un temps où la religion a perdu son empire, toute théorie qui s'enveloppe d'un manteau scientifique inspire le respect, même aux passions. Si les passions finissent par prendre le dessus, c'est qu'il se trouve des habiles pour mettre la doctrine à leur service. Jamais souverain n'a manqué de théologiens, de philosophes et de jurisconsultes ; il y a des courtisans en *us*, et des flatteurs tout couverts de la poudre des bibliothèques. Le peuple devait susciter à son tour ce genre d'adulateurs. Les utopistes comme Saint-Simon, Fourier, Cabet, manquaient de poids; on voyait trop en eux le rêveur et le romancier. C'est sur le terrain de l'économie politique qu'il fallait combattre les économistes ; Proudhon en France, Lasalle et Karl Marx en Allemagne, ont fourni à la démagogie les théories dont elle avait besoin, théories assez difficiles à réfuter, car elles sont en général obscures et subtiles. Ce sont des Chimères sans ailes ; elles n'en ont que plus de griffes. Un auditoire populaire ne peut qu'être charmé, quand on lui sert à petites doses des démonstrations dont la conclusion est conforme à ses désirs. Il ne s'amuse pas à éplucher les prémisses, il ne tient même pas à les comprendre. Mais il veut que ses docteurs aient au moins l'apparence d'une érudition solide et d'une dialectique serrée. Il faut donc lui servir à l'occasion des chiffres, des abstractions, des déductions, tout l'appareil d'un débat scientifique. Il faut qu'on le prenne pour juge des discussions où l'on soutient ses intérêts supposés. L'arrêt est rendu d'avance dans sa pensée ; il est bien résolu à couronner son champion, vainqueur assuré d'un absent ou d'un adversaire qu'on ne daignerait pas écouter. Mais la certitude du triomphe ne vous dispense pas de déployer tout l'appareil du combat.

Il est probable que ni les circonstances, ni la tactique du parti et du journal auxquels vous appartiendrez, ne vous permettront de tout dire, et d'exposer jusqu'au bout la théorie du progrès démocratique, telle que nous l'avons esquissée plus haut. Il faut toujours sacrifier quelque chose à la discipline; trop de liberté serait un danger. Il vous suffira de marquer la direction où vous voulez conduire le peuple, en promettant de marcher avec l'opinion, ou plutôt de la devancer. Evitez donc de désigner votre but avec trop de précision ; laissez entendre que vous n'avez pas dit votre dernier mot. Ne vous livrez à aucune école doctrinaire ; tout Credo vous deviendrait une prison.

Dans les polémiques, ne guerroyez que contre les gens qui sont moins avancés que vous. Si vous êtes obligé de rompre quelques lances avec ceux qui se piquent de vous dépasser, taxez-les d'indiscrétion, de précipitation, d'impuissance ; traitez-les d'enfants perdus ou d'enfants terribles, mais conservez le droit de leur donner raison un jour : vous ne savez pas jusqu'où vous irez. Résignez-vous à trouver des novateurs plus hardis que vous-même ; c'est folie d'enchérir sur les fous. Mais l'avenir est inconnu. Ne criez donc pas : « C'est absurde ! » ni : « Jamais ! » Dites : « C'est impossible ! » et « Pas encore ! »

Certains publicistes cherchent le succès dans la violence de leur polémique. Cela leur réussit quelquefois. Je ne vous conseille cependant pas de les imiter. Outre les inconvénients de toute sorte qu'entraînent les querelles personnelles, le public prend malaisément pour des hommes d'Etat sérieux les gens qui l'ont diverti par leurs fureurs. Je vous engage même à vous abstenir de faire chorus avec les foules qui déchirent un homme impopulaire. Cet empressement qu'on met parfois à donner avec tout le monde son coup de pied ou son coup de dent est une lâcheté inutile. Les esprits supérieurs n'aiment pas à s'enrôler dans une meute.

En revanche il est très avantageux d'être le premier à dénoncer les suspects de demain, à signaler les défaillances prochaines, à deviner la défection dans l'hésitation. On sait assez que le peuple brûle volontiers ses idoles. La vérité est qu'on exagère son humeur capricieuse, et qu'il ne lapide ses chefs que quand ils refusent de le conduire où il veut aller. Sa logique n'est autre chose que la logique des passions, choyant qui les sert, et maudissant qui leur résiste. On a écrit des volumes sur l'inconstance de la démocratie, sur l'ingratitude des foules, lieux communs vulgaires et, en somme, assez vides. Un homme d'Etat s'écrie : « Je n'ai pas changé ; pourquoi change-t-on à mon égard? — Tu as été populaire tant que tu as suivi le courant ; du jour où tu essaies de le remonter, tu deviens odieux ; la force qui te brise est celle qui te portait. »

A mesure que les événements se déroulent et que les réformes s'accomplissent, des esprits scrupuleux ou timides s'arrêtent et veulent arrêter les autres. Toute armée a ses traînards. Le tribun d'hier devient modérateur ; après s'être servi de l'éperon, il veut user du frein. Le peuple s'étonne et s'indigne ; ce changement d'attitude lui semble une trahison ; son amour se transforme en haine. Il est en cela de bonne foi. Les plus honnêtes gens, quand ils servent ses passions, négligent de lui faire entendre qu'ils ne les serviront pas toujours ; s'ils l'avertissent, il ne les écoute pas. Leur opposition le surprend, et celui qui a su la prévoir se fait grand honneur par sa vigilance et sa pénétration. Marat, le plus répugnant des hommes, devint l'oracle de la multitude pour avoir injurié successivement tous les meneurs de la Révolution quelque temps avant qu'ils fissent halte. Les choses ne vont plus aussi vite ; cependant l'étude des hommes politiques en vue, de leurs principes et de leur caractère, vous permettra de les dénoncer et de les attaquer poliment, mais clairement, la veille du jour où éclatera leur lassitude ou leur dégoût ; vous acquerrez ainsi la réputation d'un démocrate clairvoyant et zélé.

Rien n'est plus utile, dans une époque aussi agitée, que de connaître les acteurs du drame politique. Leur passé vous fera deviner leur avenir. Vous distribuerez à propos la louange et le blâme ; vous choisirez sagement vos amis et vos ennemis, si vous prévoyez d'avance quels seront à la prochaine étape les favoris du peuple et les objets de son aversion. Or cette divination n'a rien de magique, dans un temps où les hommes parlent et écrivent sans cesse. Aujourd'hui les plus habiles calculateurs et les plus fins diplomates laissent percer leurs intentions et leurs pensées secrètes, pour qui se donne la peine d'interpréter leur silence aussi bien que leurs paroles. Il n'y a plus guère d'hommes d'Etat de cabinet. Un journaliste attentif connaît presque aussi bien ses contemporains fameux, même sans leur avoir jamais parlé, que les courtisans les plus assidus connaissaient les ministres et les favoris de Louis XIV. Il suffit de tout lire, car tout s'imprime.

CHAPITRE II

LES RÉUNIONS PUBLIQUES

On paraît attacher, de nos jours, une assez grande importance aux réunions publiques. Il est vrai que les comptes rendus des journaux font connaître les noms des orateurs, et donnent une sorte d'immortalité à toutes les sottises qui se débitent presque tous les soirs dans un certain nombre de salles enfumées. Cependant nous ne voyons pas que les favoris du public spécial qui se donne ce divertissement avancent à grands pas dans la carrière de l'ambition. Ces prétendus meetings pourraient bien n'être qu'un spectacle où les assistants paient leur place moins cher qu'ailleurs, et où les acteurs sont moins bien dressés.

L'histoire nous fait illusion. En Grèce, et même à Rome, c'est par la parole que se conquérait la popularité. Mais la presse n'existait pas. Les citoyens d'Athènes passaient leur vie sur la place publique; ils étaient assez peu nombreux pour que toute l'assemblée entendit les paroles de l'orateur. Grâce aux esclaves et aux tributaires, les Athéniens pouvaient consacrer leur temps aux affaires de l'Etat; ils se faisaient même payer pour exercer leur souveraineté. A Rome, l'éloquence joue un moindre rôle; encore l'éloquence judiciaire exerçait-elle plus d'influence que l'éloquence politique. Cicéron était surtout un avocat; il fut moins puissant et moins populaire que les grands généraux de son siècle. Les tribuns se faisaient plus redouter par leurs motions que par leurs discours. Les peuples modernes sont dispersés sur un vaste territoire, et la grande masse des citoyens est vouée au travail; c'est par la presse qu'on les éclaire et qu'on les émeut.

Nous n'avons pas de véritables clubs, et il ne suffirait pas d'abolir un article de loi pour restaurer cette institution, qui fut si florissante de 1789 à 1794. Les Jacobins et les Cordeliers étaient de véritables cercles. Il fallait y être présenté; on pouvait en être exclus par un vote d'épuration. Les résolutions qu'on y adoptait tiraient leur importance de l'importance des membres et des affiliés. Quand la Convention eut repris possession d'elle-même, elle ferma la salle des Jacobins comme un foyer de désordres; elle aurait pu les mépriser du jour où ils ne prenaient plus leur force dans sa faiblesse. Pour rendre aux clubs une partie de leur ancienne puissance, il faudrait leur rendre l'organisation qu'ils durent jadis aux circonstances; ce serait une création artificielle, et probablement éphémère. En 1848, il n'y avait pas de gouvernement, et les clubs ne servaient guère qu'à préparer des insurrections. Les tribuns du temps s'y sont usés plus qu'ils n'y ont grandi. Les clubs sont un instrument d'agitation qui a sa valeur aux heures de trouble. Le meilleur moyen d'échauffer les hommes, quand on veut les porter à la violence, c'est de les rassembler pour leur donner le spectacle de leur propre colère. Dans les temps tranquilles, les réunions publiques (je ne parle pas des réunions électorales) ne sont trop souvent que des farces jouées par des énergumènes devant des badauds, et la réputation qu'on y gagne est rarement enviable. On perd son temps à lutter contre des préventions bruyantes, et il est inutile de disputer à des rivaux indignes la faveur d'un public de rencontre.

Il n'en est pas de même des conférences, où l'orateur a le loisir de soutenir une thèse devant un auditoire attentif et bienveillant. Le conférencier se fait connaître, s'exerce à la parole, apprend par expérience quelles sont les cordes qu'il faut toucher pour mériter des applaudissements. Autant le public des réunions est fantasque, turbulent, écervelé, autant le public des conférences est sérieux, reconnaissant de la peine qu'on se donne pour l'instruire et lui plaire. Car il ne sépare pas l'instruction du plaisir; il tient à sortir de la salle mieux convaincu de ce qu'il croyait déjà, muni d'arguments nouveaux en faveur des opinions qui lui sont chères. Vous pouvez travestir l'histoire et raisonner avec peu de justesse, sans qu'il découvre vos erreurs ou vos sophismes, mais il veut des faits et des raisonnements, et goûterait peu une déclamation mal déguisée. Il y a dans les âmes médiocrement cultivées un besoin de savoir qui les rend sincèrement crédules, une bonne foi naïve qui fait d'un auditoire populaire le plus sympathique des auditoires, pourvu qu'on ne choque point ses préjugés.

Il est des conférences de plus d'une sorte : on pourrait les classer d'après le sujet qu'on y traite ou qu'on y prétend traiter. Laissons de côté la science, la littérature, les voyages, tout ce qui ne sert pas directement à notre dessein, quoiqu'il soit souvent habile de glisser un enseignement démagogique dans une causerie en apparence étrangère aux luttes du forum. Mais nous dirons un mot des conférences historiques et des conférences polémiques. Les premières sont toujours de saison, mais surtout dans l'intervalle des grandes agitations politiques. Elles roulent en général sur les horreurs de l'ancien régime et sur les beautés de la Révolution. Il n'est pas nécessaire pour exceller en ce genre de puiser aux sources une érudition de bon aloi, ni de débiter une leçon digne du Collège de France ou de l'École des Chartes devant un public qui n'en apprécierait pas la solidité. Votre discours doit être une plaidoirie sous forme d'étude ou de récit. Les biographies sont fort goûtées, particulièrement quand on peut célébrer un saint local. Vous pouvez aussi vous attacher à un conventionnel illustre, et promener de ville en ville le panégyrique de votre héros, Danton ou Saint-Just, Robespierre ou Camille Desmoulins. A force de vanter le patron que vous avez adopté, vous finirez par hériter d'une partie de son prestige, et l'on croira apercevoir sur vos épaules le manteau du prophète ; vous serez l'Élisée posthume d'un Élie de votre choix. Défiez-vous cependant de la monotonie et du rabâchage; même dans une démocratie, on doit craindre le ridicule. Si les grands révolutionnaires d'autrefois sont un peu usés, ou si vos rivaux les ont accaparés, rabattez-vous sur les modernes, qui commencent à devenir des ancêtres. Les utopistes et les lutteurs, Fourier et Cabet, Barbès et Blanqui, et vingt autres, vous fourniront des sujets abondants et presque neufs; cette mine n'a pas encore été trop appauvrie. Remarquez que la conférence biographique présente cet avantage qu'on y fait appel à des sentiments nobles, l'admiration, l'émulation, la reconnaissance. On s'y échauffe sans aigreur et on s'y attendrit : cela repose des querelles du jour.

En revanche ce sont les querelles du jour qui vous fourniront le sujet de vos conférences polémiques. Vous prendrez part à toutes les grandes agitations; vous vous ferez le lieutenant des orateurs favoris du peuple ; vous les aiderez à porter la bonne parole en province. Quand une réforme est à la mode, il n'y a rien de plus facile que de la prêcher avec succès. La tribune parlementaire et les journaux vous offrent des arguments à foison. Les matériaux abondent sous votre main ; il n'y a qu'à choisir, et qu'à rehausser par l'esprit et la pathétique la banalité des arguments rebattus. Ne craignez pas de vous multiplier, et d'aller au besoin jusque dans les petites villes prêcher votre Evangile, surtout si vous débutez dans la carrière. On conquiert plus aisément les habitants d'une localité modeste, qui ne sont point blasés sur les charmes de l'éloquence démagogique, et qui sont flattés d'avoir, eux aussi, leur meeting et leur conférencier. D'ailleurs la conférence n'est pas tout. Avant que vous preniez la parole, un notable vous présente à l'auditoire en louant votre talent ou votre zèle. Il y a aussi les banquets et les réunions intimes qui suivent ou qui précèdent la fête oratoire, et où vous formerez des liaisons utiles. L'homme qui vient de se faire applaudir exerce toujours quelque ascendant sur ses semblables ; on recherche son amitié ; on lui promet un concours dévoué pour le jour des luttes électorales. Plus d'une candidature a germé dans un dîner ou dans une soirée donnée à l'occasion d'une conférence.

L'habitude des congrès commence à s'établir. Ce sont des réunions de délégués qui viennent de tous les points d'un territoire, ou d'une portion de territoire, délibérer sur les intérêts communs d'un parti ou d'une corporation. Certains ambitieux s'y glissent avec empressement ; on peut toujours être le délégué de quelque chose, fût-ce d'un cercle de trois ou quatre amis. Les congrès exercent parfois une assez grande influence, et servent à faire passer toute une multitude sous le joug d'une minorité sans mandat sérieux. Mais on risque d'y rencontrer tantôt un public trop bien informé, préoccupé d'intérêts précis, et difficile à amuser avec des phrases, tantôt un public de rivaux et de jaloux. Les congrès offrent plutôt un moyen d'action aux démagogues déjà populaires qu'un moyen de parvenir aux démagogues naissants. D'ailleurs la violence y règne trop souvent sans partage. Or je vous conseille de fuir tous les excès. Le langage vulgaire applique d'habitude le nom de démagogie au déchaînement brutal des passions sans frein. Si vous y regardez de près, vous verrez que les tribuns de bas étage font assez rarement lèur chemin. L'art que je vous enseigne est quelque chose de plus délicat, et aussi de plus utile.

CHAPITRE III

LES ÉLECTIONS

En attendant que les citoyens soient sans cesse appelés à élire une foule de magistrats, de fonctionnaires et de représentants, l'échelle des honneurs électifs n'a que deux degrés : le Conseil général et la députation. Dans les villes importantes, on peut y ajouter le Conseil municipal, qui se confond à Paris avec le Conseil général. Dans les petites villes et à la campagne, on peut négliger le mandat municipal, qui ne donne pas assez d'influence, et ne met guère en vue celui qui le porte. Il n'est pas interdit de parvenir du premier coup à la Chambre, mais il est souvent utile de passer par l'assemblée du département. Toutefois, pour éviter les redites, nous parlerons surtout des élections législatives, telles que les ont réglées les lois de 1875. Sans doute l'adoption du scrutin de liste changerait les conditions de la lutte. Mais il pourrait arriver que chaque liste fût composée de candidats désignés par les comités d'arrondissement. Le champ de bataille peut devenir plus vaste, sans que la tactique soit notablement modifiée.

Si vous voulez parvenir, pensez-y bien : tout est là. L'ambition est comme l'avarice, une passion de tous les jours, de toutes les heures, de tous les instants. Un collège électoral est un être collectif, mais c'est aussi un assemblage d'individus; il faut songer à l'ensemble et au détail, gagner la faveur du peuple et conquérir l'affection des particuliers, entraîner la masse et séduire les hommes. Tâchez de vous imposer par votre talent, votre réputation et votre dévouement, mais ne comptez pas sur votre mérite, si vous n'y joignez le zèle et le goût des petites choses. Dans presque toutes les carrières, les débuts sont laborieux. Vous aurez besoin d'une activité infatigable, d'une attention constante. Malheur aux paresseux !

Que les élections soient fréquentes ou rares, toute candidature doit être préparée de longue main. Le suffrage universel donne souvent à la tortue l'avantage sur le lièvre; il faut partir à point, marcher sans halte ni défaillance. Certains candidats sortent tout à coup de leur retraite. Ils se montrent, se prodiguent, se multiplient; ils courent, voltigent, pérorent à perdre haleine. Ils ont beau se démener; ils ne regagneront pas le temps perdu. Leurs efforts même leur nuisent; on voit trop l'intérêt qui les pousse; leur zèle de fraîche date inspire la défiance. Les suffrages ne s'achètent pas comptant; il faut les avoir payés longtemps d'avance. Nous avons peu de goût pour les gens qui nous demandent notre amitié à midi et nos services à une heure, qui font entrer un compliment et une prière dans le premier discours qu'ils nous adressent. Celui qui attend une vacance pour se mettre sur les rangs trouve la place prise, les esprits prévenus, les voix engagées. Les paysans lui diront : « Vous ne vous êtes pas levé assez matin.. » Après une course folle, il rentrera chez lui fourbu et battu. Ceux qui l'avaient devancé ne lui pardonneront pas de leur avoir disputé un honneur qu'ils briguaient depuis des années, d'avoir contesté leurs droits acquis ; trop heureux si on ne l'accuse pas d'avoir été suscité par des ennemis perfides pour jeter la division dans le parti qu'il prétend servir.

Il est donc sage de faire choix d'une circonscription. On s'épuiserait à disperser son activité sur trop de points à la fois. Si vous êtes né en province, l'arrondissement natal vous tentera d'abord. L'esprit de clocher est bien fort, et les gens aiment à voter pour un enfant du pays. Quand vous serez fameux, les vieillards, à dix lieues à la ronde, se flatteront de vous avoir fait sauter sur leurs genoux, et les jeunes gens verront en vous un camarade. À Paris et dans les grandes villes, les ambitieux pullulent et s'étouffent à l'entrée des honneurs. En province il y a des régions inoccupées et presque inexplorées, où vous ne trouverez guère de rivaux, pourvu que vous les envahissiez à temps.

Avant de faire votre choix, et de jeter votre dévolu sur une circonscription, rendez-vous compte de l'esprit qui y domine. Il ne suffit pas que vous ayez des chances ; encore faut-il que vous n'achetiez pas le succès à des conditions qui ruinent votre avenir. Si vos électeurs sont gens d'esprit timide, si leurs intérêts sont trop conservateurs, ils vous obligeront peut-être à des démarches qu'on vous reprochera plus tard, à des promesses qui vous gêneront longtemps. Vous auriez la ressource de vous modifier, de vous développer, d'employer l'intervalle entre deux élections à vous faire si bien connaître que votre candidature supporte la transplantation. Mais cela n'est possible que si la Chambre ne se renouvelle pas trop souvent et si le mandat n'est pas trop impératif.

Défiez-vous aussi des régions où la démagogie règne déjà sans obstacle. Les réputations y durent peu ; la faveur populaire y est mobile. Quand on s'est engagé tout d'abord à bouleverser le monde en six mois, on ne tient qu'une faible partie des promesses qu'on a souscrites, et les électeurs, toujours dupés, se plaisent à changer de représentants. Les populations éprises du charlatanisme ont besoin tous les jours d'un nouveau charlatan, comme ces malades inquiets qui promènent leur crédulité de guérisseur en guérisseur.

La meilleure façon de mériter le titre de député, c'est d'en remplir les fonctions, autant que cela est permis à un homme qui ne peut assister aux délibérations de la Chambre que du haut des tribunes. Mais un député n'est pas uniquement chargé de déposer dans l'urne des bulletins bleus ou blancs ; ce n'est que la moindre partie de sa besogne. Il est surtout le solliciteur général de ses commettants, leur factotum politique et administratif. Il assiège les bureaux, demande des places pour ses amis, des secours pour les communes pauvres, des subventions pour les écoles et les routes, des bourses, des croix et des palmes. Il réclame la disgrâce des fonctionnaires qui déplaisent, dénonce les juges trop sévères, les percepteurs trop raides, et les commis trop vigilants. Il défend les intérêts de ses électeurs, leur commerce et leur industrie, ici champion du libre-échange, ailleurs invoquant la protection, mais pour un objet spécial, les fers ou les houilles, les sucres ou les draps. Il démontre l'utilité d'un chemin de fer ou la nécessité d'un canal, discute les tracés et les tarifs. Il déclare la guerre à une congrégation, à un couvent, fait retentir un scandale ou étouffe des poursuites inopportunes. Au besoin un électeur influent charge le député de marier sa fille, de visiter son fils au collège, de l'amuser le dimanche, de le surveiller dans ses études et de faciliter ses débuts dans la carrière bureaucratique. Le député doit obtenir la remise d'une amende pour un débitant, la grâce d'un braconnier sympathique, un congé pour un soldat, une exemption ou un sursis d'appel pour un conscrit. Un député qui veut s'acquitter de tous ses devoirs a au moins un secrétaire, et le met sur les dents comme lui-même. Ce n'est pas tout. Il faut parcourir la circonscription, assister et présider aux cérémonies officielles, aux comices agricoles, aux expositions d'horticulture, aux inaugurations d'écoles, de mairies, de chemins de fer et de statues, prononcer des discours et des oraisons funèbres, rendre compte de son mandat, tenir des réunions publiques et faire des conférences. Je ne parle pas des souscriptions et de tous les petits tributs levés sur la bourse du représentant par le patriotisme, l'esprit de parti, la philanthropie et la mendicité : ce n'est qu'une question d'argent.

Serviteur volontaire de vos électeurs futurs, vous devez vous acquitter d'une partie de cette tâche avant d'être élu, avant même d'être candidat. Peut-être ne vous sera-t-il pas possible d'acquérir sans vous compromettre, auprès de l'administration, un crédit qui vous permette de solliciter et d'obtenir des faveurs. Mais vous mettrez du moins votre éloquence au service de ceux dont vous aurez un jour à briguer les suffrages. Il faut qu'on vous voie, qu'on vous entende, qu'on parle de vous et qu'on compte sur vous. Vous chanterez sur tous les tons les gloires locales ; vous plaiderez bruyamment la cause des intérêts locaux : haranguez, écrivez, agissez. Entrez dans les commissions et les comités. Sur toutes les listes on doit trouver votre nom. Si le moment n'est pas venu de travailler pour vous-même, travaillez pour autrui ; cela vaut mieux que de rester les bras croisés. Laissez-vous exploiter ; votre tour viendra d'utiliser le zèle de vos amis.

Le titre de conseiller général est d'autant plus avantageux qu'il justifie votre activité, vous ouvre toutes les portes, vous assure une place à tous les banquets, et le droit d'y prendre la parole. Un membre de l'assemblée départementale trouve mille occasions de se signaler. Il harcèle le préfet, les chefs de service, domine les petits fonctionnaires, prend part à la nomination des sénateurs ; il est l'âme des ligues, des cercles, des associations et des congrès électoraux. Dans les sessions il critique l'administration, et propose des vœux. Un vœu bien choisi et bien soutenu met un homme en lumière.

Certains jeunes gens s'attachent à un citoyen populaire, ministre, orateur, chef de parti, et attendent de lui leur fortune politique. Il est utile en effet d'être recommandé au moment décisif par un de ces potentats de la démocratie qui disent aux électeurs : « Puisque je ne puis être à vous, je vous donne un autre moi-même. » Mais, tout en recherchant de précieux appuis, ne comptez que sur vous. Votre protecteur peut mourir, ou baisser, ou se brouiller avec vous, ou même vous sacrifier, s'il est trop assuré de votre dévoûment. D'ailleurs il y a peu de bourgs pourris. Les provinciaux n'aiment pas à recevoir de Paris un candidat qu'ils n'auraient pas choisi. Vos adversaires et vos rivaux tireraient parti de l'amour-propre départemental. On a vu des recommandations qui semblaient irrésistibles ruiner ceux qui s'en targuaient. Le suffrage universel veut que ses élus soient ses créatures.

Je ne saurais prévoir l'infinie diversité des circonstances. Si le député actuel est d'un parti opposé au vôtre, vous n'hésiterez pas à le combattre. Est-ce un de vos amis politiques ? Il conviendra de le soutenir ou de l'ébranler, selon son âge. S'il est vieux ou malade, s'il songe à la retraite, s'il convoite un fauteuil sénatorial (en admettant qu'il y ait encore un Sénat), il vous sera sans doute avantageux de capter sa succession en gagnant ses bonnes grâces, pourvu qu'il n'ait pas encore désigné un héritier. Mais s'il faut lui disputer la place, vous ne sauriez vous mettre trop tôt à l'œuvre pour lui enlever des suffrages.

Cette guerre ne peut pas toujours être menée à ciel ouvert; mais il y a la sape et la mine. Je suppose que le détenteur du mandat que vous convoitez n'est ni parfait, ni invincible: vous auriez fait choix d'une autre circonscription. Etudiez sa situation personnelle; épluchez ses votes. Suscitez-lui au besoin des rivaux peu redoutables, qui prendront pour eux tout l'odieux de la besogne, et qui le discréditeront à votre profit.

Préparez-vous un champ de bataille; soulevez des questions qui embarrassent votre futur compétiteur, et le brouillent avec ses amis. Faites-vous le champion d'une réforme contraire à ses convictions ou à ses intérêts. Montrez-vous très différent de lui; s'il vit dans l'opulence et le luxe, soyez austère; s'il est avare ou pauvre, soyez généreux; s'il est violent, étalez votre modération, à moins qu'il ne soit possible et utile de le dépasser. S'il parle peu ou mal, qu'on admire votre faconde; s'il parle trop, qu'on apprécie votre réserve. Vous avez sur lui un grand avantage; il est responsable de tout, et vous n'êtes responsable de rien. Toutes les promesses qu'il n'aura pas tenues, toutes les faveurs qu'on lui aura refusées, ses échecs, ses oublis, ses défaillances, ses répugnances, vous aideront à le perdre. Mais cheminez lentement, sans trop de bruit ni d'éclat. Il y a des députés endormis que l'apparition d'un rival éveille soudain, et qui défendent leur position avec une ardeur dont on ne les croyait plus capables. C'est souvent une faute mortelle de démasquer trop tôt ses batteries.

Enfin, l'heure de la moisson a sonné; la lutte électorale va s'ouvrir : vous n'avez plus qu'à poser votre candidature. Ici toutes les démarches sont importantes; le moindre faux pas est ruineux. C'est en vain que vous avez tout préparé pour vaincre, si vous engagez mal la bataille décisive, si vous ne possédez pas les deux éléments essentiels du succès : un bon programme et un bon comité.

Autrefois on voyait des hommes éminents ou présomptueux se présenter d'eux-mêmes à leurs concitoyens. Une pareille hardiesse serait aujourd'hui une inconvenance. Quand même vous auriez travaillé ostensiblement pendant un quart de siècle à vous assurer des suffrages, quand même votre ambition serait connue et affichée, il importe qu'au moment précis où s'ouvre la période électorale, vous soyez saisi d'une subite modestie, et qu'on vous vienne chercher dans votre cabinet. Rien ne vous empêche de prier vos amis de vous rendre ce service : vous devez l'avoir mérité. Quelques-uns se contentent d'affirmer qu'on les presse de toutes parts de se mettre sur les rangs, mais le public ne croit guère à cette foule anonyme de solliciteurs complaisants. Il vaut mieux que votre nom soit publiquement prononcé par des personnages réels, qui ne craignent pas de se compromettre et de faire une démarche solennelle auprès de vous. Une fois le grelot attaché, je vous fais grâce de toute hésitation hypocrite. Acceptez sans balancer. S'il est de bon ton d'attendre qu'on vienne à vous, il serait de mauvais goût de vous faire faire violence : à quoi bon affubler vos plus chauds partisans d'un rôle légèrement ridicule?

Dans quelques contrées on a pris l'habitude de réunir une sorte de congrès local, formé par les délégués des communes de l'arrondissement. Ces délégués sont en général choisis par eux-mêmes, ou par un très petit nombre de compères. Ce sont les zélateurs et les importants du parti, et ils le représentent assez mal, mais ils le dominent. Avant l'élection solennelle et régulière que la loi entoure de tant de garanties, il se fait ainsi une élection de fantaisie; le suffrage universel, qui repousserait peut-être le vote à deux degrés comme une diminution de sa souveraineté, subit docilement les injonctions d'un prétendu congrès dont l'origine est toujours suspecte. Car, même si les délégués sont réellement élus, ils le sont avant que la discussion ait éclairé les esprits, et leur influence dans les débats préliminaires n'est nullement mesurée au nombre de voix dont ils disposent dans le pays. Mais vous n'avez pas mission de défendre les droits du suffrage universel malgré lui, et votre intérêt vous oblige à vous entendre avec ses soi-disant fondés de pouvoirs.

Il arrive parfois que le congrès ou le comité qui dirige les élections, se charge de rédiger entièrement un programme, au bas duquel il ne manque plus que la signature du candidat. Celui-ci est dispensé de réfléchir et de se faire une opinion sur chacun des problèmes à l'ordre du jour. Avant même d'entrer au Parlement, il devient une machine et un instrument passif. Dans ces conditions, le métier de législateur n'a rien de séduisant. Mais il faut ajouter que, si vous avez fait preuve de quelque mérite personnel, vous auriez peu de chances d'être agréé par un sanhédrin aussi despotique. Quand les hommes cherchent un flatteur, ils apprécient le talent; ils s'en défient quand ils ne cherchent qu'un valet.

Je suppose donc que vous avez affaire à un collège électoral qui vous laisse une part d'initiative, que le comité dont vous briguez l'appui ne prétend pas vous réduire à porter une lettre comme les Basque et les Champagne de l'ancienne comédie. Votre cause va être jugée en première instance, et cet arrêt provisoire a beaucoup de poids sur le suffrage universel qui rendra la sentence définitive. Ces arbitres volontaires peuvent être les délégués des communes, les membres des corps élus ou d'un comité permanent; dans tous les cas, vous devez compter parmi eux des amis sûrs, instruits et pénétrés des rôles qu'ils auront à jouer. Ces rôles sont divers. L'un fera votre éloge; l'autre dénigrera vos rivaux. Celui-ci vous adressera à l'improviste une question choisie par vous pour vous permettre de placer une brillante réponse; celui-là, par des interrogations captieuses et malignes, déconcertera vos compétiteurs. Gardez-vous de combattre ceux-ci en face, sinon à armes courtoises; rien de plus choquant qu'un assaut de mauvaises paroles entre deux ambitieux de même parti. Poussez au contraire la politesse jusqu'à la générosité; si la bataille s'envenime, contenez le zèle de vos adhérents dès qu'ils auront tout dit. On vous saura gré de votre grandeur d'âme, et vos adversaires n'y gagneront rien.

Selon les circonstances, votre programme sera rédigé d'avance par vous pour être soumis au comité et développé en séance, ou composé en collaboration, au cours même de la séance où vous serez entendu. Le résultat sera le même dans les deux cas, si vous vous êtes assuré le moyen de diriger secrètement la discussion. Le plus prudent, quand on n'a pas affaire à des esprits par trop ombrageux, est de lancer tout d'abord une profession de foi ; cela vous permet de choisir votre terrain, de prévenir vos juges en votre faveur, et les promesses que vous prodiguerez n'auront pas l'air de vous être arrachées.

Je ne saurais vous donner que des conseils assez vagues au sujet de cette profession de foi. Les exigences de la lutte varient à l'infini. Il est parfois utile d'être court, et de n'aborder qu'un petit nombre de sujets à la mode. Souvent, au contraire, il convient d'être diffus, et de toucher à tout. Vous vous inspirerez de la connaissance que vous aurez du collège électoral. Ici vous caresserez les intérêts, là vous exalterez les principes. Si vous n'espérez que les voix d'un parti nettement limité, soyez clair, énergique, violent au besoin. Si vous avez à rallier des indifférents, des hésitants, des neutres, à réunir autour de vous des hommes de nuances diverses ou fuyantes, votre tâche sera plus difficile. Vous ferez à chacun sa part ; vous emploierez un paragraphe à rassurer les timides, et l'autre à charmer les fougueux. Vous corrigerez le verbe par l'adverbe, et le substantif par l'adjectif. Mais il importe qu'on ne voie pas l'effort et l'artifice, et que vous plaisiez à tous, j'entends à tous ceux dont vous espérez les suffrages, sans vous affubler ostensiblement d'une peau de renard, sans crier comme Sosie : « Messieurs, ami de tout le monde ! » Plus votre pensée sera indécise, plus vous mettrez dans votre style d'élan et de chaleur ; l'enthousiasme dissimulera le calcul. Si vous êtes contraint de vous montrer par trop conciliant, faites choix d'un ennemi réel ou imaginaire qui vous serve de plastron, et pourfendez-le avec assez de vigueur pour qu'on ne s'aperçoive pas des concessions où l'intérêt vous oblige. Le cléricalisme et la monarchie rendent bien des services aux républicains qui veulent ménager les modérés sans s'aliéner les violents.

En cette matière il n'y a point de préceptes généraux, mais les modèles abondent. La Chambre des députés, en 1882, a ordonné de rassembler et de publier le recueil des professions de foi de tous les députés élus l'année précédente. Elle a rendu par là un service inappréciable aux candidats à venir. Dans cette collection de chefs-d'œuvre consacrés par le succès, vous trouverez tous les tons et tous les styles, le fougueux et le calme, le doux et l'amer, l'austère et le souriant. Vous y verrez comment on se loue sans orgueil, comment on flatte délicatement les passions, comment on s'engage à fond ou à demi, comment on tempère une promesse par des explications qui l'annulent discrètement, comment on fait appel aux intérêts privés en les décorant d'une apparence de bien public, comment on indique le but qui unit les hommes, en glissant sur les moyens, qui les divisent. Ce livre admirable fournirait d'exemples dix traités de rhétorique; on y rencontre à foison toutes les figures utiles, mais surtout la périphrase, l'euphémisme et la réticence. J'ose dire que tous les conseils que je vous adresse ne sont que le commentaire de cette inestimable anthologie politique.

Une profession de foi se rédige à loisir dans le silence du cabinet. On y peut esquiver les écueils et choisir son chemin. Devant un comité, dans une réunion publique, il faut payer de votre personne, et suivre où ils vous mènent vos adversaires habiles, sans parler de vos amis maladroits. On vous interrogera sur les sujets que vous tenez le plus à éviter; on essaiera de déjouer vos plus savantes manœuvres, de vous brouiller avec les indécis que vous voudriez conquérir; on vous sommera de parler net. Ne vous laissez point déconcerter. Souvent on peut répondre à une question par une autre question; sur ce terrain, les meilleures parades sont des ripostes. Celui qui vous met sur la sellette n'a peut-être pas le droit d'exiger de vous des éclaircissements, et vous pouvez le chasser du débat en faisant allusion à son passé, en suspectant sa bonne foi, en démontrant l'absurdité de sa propre opinion, pourvu que vous la connaissiez. Si vous amusez ou si vous flattez votre public aux dépens de l'importun, on ne vous demandera rien de plus. Si au contraire vous êtes contraint de vous prononcer, prononcez-vous avec tous les dehors de la franchise. Avouez au besoin votre embarras; on n'exige pas que vous soyez infaillible. Enumérez les données du problème ; insistez sur les difficultés et les inconvénients de chaque solution. Engagez-vous à étudier de nouveau ce sujet délicat, à suivre le gros du parti ; terminez par un appel à la concorde et à la discipline. Peut-être même parviendrez-vous à combiner le pour et le contre dans votre réponse, à concilier des prétentions contradictoires et des intérêts opposés, à prouver que la diminution des impôts accroît les recettes du trésor, et que l'augmentation des dépenses assure l'équilibre du budget, ou bien que l'intervention continuelle et l'omnipotence de l'Etat sont des garanties pour la liberté des particuliers. C'est à vous à mesurer la force de votre éloquence et la faiblesse de votre adversaire, à sonder l'ignorance, la naïveté, la crédulité de votre auditoire. Vous seriez bien malheureux si vous ne trouviez pas, pour vous tirer d'affaire, quelque sentier de traverse.

Vous parlerai-je de tous les menus incidents d'une campagne électorale : polémiques de journaux, meetings ruraux et urbains, visites et tournées, sans compter les manœuvres de la dernière heure? On ne saurait tout dire, et la matière est inépuisable. J'aime mieux répondre à une question que vous allez m'adresser et que je devine. Je vous enseigne les devoirs du candidat, mais du candidat en général, sans distinction de parti. Où est dans tout ceci la démagogie? Est-ce qu'un conservateur ou un libéral ne sera pas obligé de suivre la même tactique, d'employer les mêmes artifices? Est-ce que la méthode n'est pas à peu près invariable, depuis qu'il y a des élections? Quand Cicéron briguait le Consulat, son frère Quintus s'amusa à lui dédier un petit traité de la candidature consulaire; on y trouverait aujourd'hui encore plus d'un conseil utile. Ni la nature ni l'art n'ont beaucoup changé. Si la presse a modifié les conditions de la lutte politique, il y a longtemps que cette révolution est accomplie, et tous les partis en subissent également les conséquences.

La vérité est que la période électorale oblige tous les partis à sacrifier à la démagogie. De même qu'il y a pour les rois des circonstances qui les rendent plus accessibles à la flatterie, le peuple, à certaines heures, donne audience à ses courtisans. Les sujets dévoués, fidèles, désintéressés, qui souhaitent de pousser ou de maintenir un monarque dans la droite voie, sont parfois contraints d'imiter discrètement les adulateurs pour les mieux combattre. Burrhus et Sénèque ne dédaigneront pas de lutter de rhétorique avec Narcisse, afin d'arracher au tentateur l'âme du jeune prince. Leur silence et leur tristesse ne suffiraient pas; il faut qu'ils acceptent la bataille sur le terrain où elle est offerte, qu'ils manient les armes de leur adversaire. Un jour arrive où l'on ne voit d'autre contre-poison aux flatteries des méchants que les flatteries des gens de bien. C'est ainsi que le mal s'aggrave par les remèdes même qu'on lui oppose, que les médecins honnêtes et savants se parent à leur tour des oripeaux du charlatanisme. C'est ainsi que le suffrage universel, ce roi des temps modernes, contraint ceux qui le servent de disputer à ceux qui l'exploitent la palme de l'habileté, d'une habileté dangereuse et corruptrice.

Quel bien Alceste pourrait-il faire, avec sa franchise bourrue, sa loyauté hérissée de scrupules? Qu'il reste à l'écart; qu'il boude dans la solitude; qu'il prenne les rochers et les ours à témoin de la perversité du siècle. Philinte n'aura garde de l'imiter. Ne vous y trompez pas; Philinte est un honnête homme. Mais il veut se rendre utile; il s'accommode aux travers de son temps. Il souhaite d'être élu, dans l'intérêt du pays encore plus que dans son propre intérêt, et il sait que vouloir la fin, c'est vouloir les moyens. Pour être écouté, il a recours aux compliments ingénieux; pour être accepté, il cède sur un point, et sur un autre. Il consent à se charger d'un programme qu'il n'aurait pas tracé lui-même, se réservant peut-être d'en tempérer l'application par la sagesse dont il se pique. D'ailleurs la bataille l'échauffe et l'entraîne; à force de fixer les yeux sur le prix à conquérir, sur le juge à gagner, il perd de vue ses principes et ses traditions. Car il faut vaincre, sinon à tout prix, du moins au prix de bien des concessions, et sacrifier à demi la vérité dans la lutte électorale pour acquérir le droit de la défendre sur un plus vaste théâtre. Il est vrai que, pour mieux déjouer les démagogues, Philinte sera tombé dans la démagogie; pour disputer aux flatteurs la confiance du peuple, il aura flatté avec plus d'art; le bon courtisan aura rivalisé avec le mauvais.

Dès que la période électorale est ouverte, les âmes se détendent; il règne dans l'atmosphère politique une de ces températures qui relâchent les nerfs, qui brisent la volonté, qui plient les cœurs à toutes les faiblesses. On voit des citoyens, qui se sont fait honorer jusque-là par leur courage et leur indépendance, feuilleter le dictionnaire des synonymes, et chercher des circonlocutions pour éviter de prononcer la syllabe fatale qui met la popularité en fuite, ce petit mot de trois lettres qui fait les hommes libres et les candidats ridicules : Non. Pour briguer les suffrages, les Romains revêtaient une toge blanche; les modernes revêtent je ne sais quelle livrée qui fait pénétrer jusqu'aux moelles la contagion de la mollesse et de la servilité. L'esclavage, disaient les anciens, ôte à un homme la moitié de son âme. La candidature lui en ôte bien les trois quarts.

Que d'avantages vous aurez sur ces compétiteurs mal entraînés ! Ils bégayent une langue que vous parlez couramment. Leurs courbettes et leurs génuflexions ont toujours quelque chose de raide et de gauche. On ne reconnaît pas chez eux cette aisance, cette souplesse, cet air dégagé, à la fois respectueux et familier, qui signalent les habitués de la Cour, gentilshommes de vieille race sous la monarchie, démagogues de vieille date sous la République. Comme vous vous jouerez de ces apprentis flatteurs ! Comme vous profiterez de leurs maladresses, de leurs réticences, de leurs réserves ! Qu'il vous sera facile de les mener plus loin qu'ils ne voulaient aller, de mettre leurs déclarations récentes en contradiction avec leur passé, de leur faire perdre tout le fruit de leurs sacrifices tardifs !

L'arène électorale est le terrain favori de la démagogie. C'est là que la foule est accessible à l'ivresse de la toute-puissance, qu'elle respire avec délice les vapeurs capiteuses de l'encens, qu'elle se trouve grandie en voyant s'abaisser devant elle les hommes qu'elle respectait ; c'est là qu'elle se croit savante et même infaillible à force d'être prise pour juge de tous les procès et pour arbitre de toutes les querelles. Alors ceux à qui tout enseignait la modestie, reçoivent des meilleurs maîtres une leçon continuelle d'orgueil et de présomption ; ils oublient leur ignorance, leurs déceptions passées, le prix que leur ont déjà coûté leur amour-propre et leur crédulité. Nul ne les avertit ; qui oserait dire la vérité ? Ce ne sont pas les candidats, ni leurs journaux, ni leurs amis, ni leurs partisans. Les indifférents s'abstiennent, et les clairvoyants lèvent silencieusement les bras au ciel, tandis que le flot montant des adulations submerge la raison du peuple.

Car le peuple est naturellement raisonnable. Ce qui le prouve, c'est la peine qu'il faut se donner pour lui faire perdre la tête. Même avec l'aide de la presse, qui est sans cesse à l'œuvre, les candidats n'y suffiraient pas, s'ils n'étaient secondés par les comités. Les comités sont parfois gênants et agaçants, mais ils sont nécessaires. Cette institution que la loi ne connaît pas, et que les mœurs rendent de plus en plus puissante, est pour la démagogie un auxiliaire indispensable. Elle joue dans les élections le même rôle que les confréries dans les sectes religieuses. Elle échauffe l'enthousiasme, elle entraîne la foule, elle décuple l'énergie des passions. Ces volontaires de la politique, sortis du milieu du suffrage universel, se substituent à lui, et lui persuadent que leurs volontés sont les siennes, lui font épouser leurs ambitions et leurs rancunes, leurs sympathies et leurs aversions. Ces claqueurs gouvernent le public, et le forcent d'applaudir leurs favoris, de siffler qui leur déplaît.

S'il vous faut un signe pour vous avertir de la lassitude du peuple, pour vous apprendre que le courant va changer, que la marée montante est à bout, et que le reflux est proche, voici un signe qui ne vous trompera pas. Quand vous verrez décroître la puissance des comités, quand le suffrage universel s'avisera de choisir directement ses mandataires, vous saurez que le moment est venu de faire halte, et peut-être de rebrousser chemin.

CHAPITRE IV

CONCLUSION

Enfin, mon jeune ami, vous l'avez emporté. Le parti dominant vous a choisi pour son champion, et le suffrage universel pour son représentant. Il ne me reste plus qu'à prendre congé de vous. Vous connaissez le caractère du souverain qui vous admet à sa cour dans un rang si distingué; vous possédez l'art de lui plaire ; vous êtes pénétré de la doctrine démagogique ; l'expérience vous apprendra le reste. Je ne saurais plus quels conseils vous donner, car je ne puis savoir d'avance quel est l'esprit, quel est le rôle constitutionnel de l'Assemblée dont vous allez faire partie. Un candidat est toujours un candidat, mais il y a une différence infinie entre un député élu pour six ans, comme sous l'Empire, et un député élu pour deux ans, comme le voulait la Constitution de 1791. Un conventionnel, avec sa portion de dictature, ne ressemble guère à un membre de la Chambre des Communes, et celui-ci, qui peut devenir ministre, n'a presque rien de commun avec un représentant américain, qui n'a pas de portefeuille à conquérir. Dans tous les cas, vous aurez à gagner la faveur de vos collègues, et à conserver celle de vos électeurs. Mais vous vous préoccuperez davantage des uns ou des autres, selon les institutions.

Sous le régime parlementaire, qui organise le gouvernement des partis, qui suppose des chefs reconnus et une discipline assez rigoureuse, on distingue nettement la majorité de l'opposition. Les devoirs et les intérêts d'un député, dans chacune de ces deux situations, sont dès longtemps connus ; rien n'est plus simple ni plus clair. Mais le régime parlementaire ne saurait se concilier avec le système démocratique, tel que nous l'avons déduit du principe d'égalité. Que les ministres soient pris ou non dans la Chambre, ils ne sont plus que des agents d'exécution. Leur autorité morale, dans les délibérations, disparaît devant le mandat impératif. Comment poseraient-ils la question de confiance, quand chaque législateur est lié par des instructions précises ? Les discussions deviennent insignifiantes, et doivent être courtes ; ce n'est pas l'Assemblée qu'il s'agit de convaincre, puisque le peuple a pris lui-même une décision, et n'a chargé ses représentants que de la promulguer. Aussi les plus brillants orateurs parlent-ils surtout pour le dehors, c'est-à-dire pour la presse, pour le pays, pour les électeurs. Ils ne discutent pas ; ils se succèdent à la tribune pour faire connaître leurs idées ou leur talent. Il peut y avoir des groupes, c'est-à-dire des cercles : il n'y a plus de partis, faute de discipline. Un parti est une collection d'hommes qui obéissent à des chefs reconnus ; on ne peut obéir à la fois à des chefs et à des commettants.

Ainsi le rôle du député s'abaisse graduellement. Il n'aspire plus à conquérir des portefeuilles, car les portefeuilles sont peu de chose. Il ne saurait se flatter de devenir chef de parti, puisqu'il n'y a plus ni partis ni chefs. Il essaierait en vain de dominer ses collègues par son éloquence ; on persuade même un entêté, on ne persuade pas un commissionnaire. Il n'a même pas l'orgueil de donner des lois à son pays en ne consultant que sa conscience. Sa conscience est dans sa poche : c'est son programme. A peine lui est-il permis, s'il découvre dans ce programme une erreur, une faute, un péril, de se tirer d'affaire par une démission qui passera peut-être pour une désertion.

Dans la lutte engagée aujourd'hui entre les partisans et les adversaires du régime parlementaire, les seconds offrent au peuple de prendre le mandat législatif au rabais. Ils donnent davantage et ils demandent moins. On pourrait s'étonner que des ambitieux travaillent avec tant de zèle à avilir l'objet de leur ambition, si l'on ne savait que l'ardeur de la concurrence pousse souvent un entrepreneur à accepter des conditions désastreuses, pour l'emporter sur ses rivaux. Ce n'est plus un gain qu'on se dispute avec acharnement, c'est une perte. Le but se déplace ; pour faire fortune, on veut vaincre ; puis on s'échauffe tant que pour vaincre on consent à se ruiner.

Mais il y a des sous-entendus, des compensations avouées ou secrètes, honnêtes ou honteuses. Si la possession du pouvoir ne paie pas les efforts qu'elle a coûté, si l'honneur paraît trop mince, si l'élu du peuple ne reçoit qu'un mandat de peu de durée, de peu d'étendue et de peu de valeur, il pourra chercher des dédommagements. Dans certains pays, législateurs et gouvernants trafiquent de ce qu'on leur a laissé d'autorité, et le peuple est d'autant mieux volé par ses représentants qu'il a pris contre eux plus de précautions. Quelque tendance que nous ayons à imiter les Américains, il se passera sans doute encore quelque temps avant que les spéculateurs français achètent en détail un Conseil départemental, un tribunal ou un jury. D'ailleurs la friponnerie est étrangère à notre sujet ; il ne s'agit que de l'ambition.

Faut-il donc admettre que les démagogues contemporains se donnent tant de peine pour atteindre à des honneurs que le triomphe de leur doctrine rendra peu enviables? Ne proposerai-je à votre ambition juvénile d'autre but que la conquête d'un titre de plus en plus discrédité ? Entrerez-vous dans la carrière avec cette pensée que, le jour où vous arriverez au pouvoir, l'exercice du pouvoir ne sera que le plus instable et le plus ennuyeux des métiers ? Quand le progrès démocratique a été poussé assez loin, les mandats électifs deviennent une corvée pour les honnêtes gens, qui n'ont pas la ressource d'en trafiquer. Si rien n'arrête le courant qui entraîne le peuple vers l'égalité absolue, un moment viendra où la gestion des intérêts communs devra être imposée comme les fonctions de juré. Alors les charges, grandes et petites, seront véritablement des charges, et les phrases banales sur le fardeau des affaires politiques recevront enfin un sens exact et précis.

Mais, je vous l'ai déjà dit, votre succès ne sera jamais assez complet pour que vous ayez à vous en repentir. La doctrine démagogique tend à l'abaissement du pouvoir ; mais comme elle tend aussi à transformer la société par l'action de l'Etat, il faudra laisser à l'Etat un pouvoir redoutable jusqu'à ce que le nivellement soit accompli. Il y aura pendant longtemps, peut-être pendant des siècles, des réactions à éviter, des résistances à vaincre. Avant de réduire le gouvernement à n'être qu'une délégation temporaire et presque servile de la volonté générale, il faudra organiser un gouvernement de combat. Rappelez-vous l'histoire de la Révolution française. Jamais assemblée ne proclama plus haut que ne fit la Convention la souveraineté directe et inaliénable du peuple. La Constitution de 93 était fondée sur ce principe ; mais elle ne fut jamais mise en pratique, et la Convention exerça la dictature la plus absolue dont se soit jamais emparée une Assemblée. Cromwell combattit pour les droits du Parlement, et chassa le Parlement ; il défendit contre le Roi la cause des libertés anglaises, et supprima toutes les libertés. Son chef-d'œuvre fut de faire voter par ses collègues des Communes l'ordonnance de renoncement, qui les dépouillait de leurs commandements militaires, et de s'en faire excepter. Nous n'avons pas à prévoir une de ces longues guerres civiles qui jettent les vainqueurs de la tyrannie aux pieds d'un nouveau tyran. Mais les grandes réformes, quand on veut les accomplir promptement, exigent un pouvoir fort, et les ambitieux trouveront toujours de quoi se satisfaire dans les crises politiques.

En France, plus que partout ailleurs, on a besoin d'idoles. Au moment où les Athéniens avaient abaissé toutes les magistratures et fait descendre toute l'autorité dans l'assemblée du peuple, cette assemblée se livrait à des démagogues qui exerçaient en réalité le pouvoir souverain, qui possédaient à la fois la popularité, la gloire, l'influence, sous la seule condition d'emporter sans cesse la palme de l'éloquence, ou plutôt de l'habileté oratoire, comme doivent faire les ministres et les chefs de parti dans le régime parlementaire. Shakespeare nous montre les Romains entraînés par l'éloquence de Brutus, qui vient de tuer César, et cherchant une récompense digne d'un si grand service. Une voix s'écrie : « Faisons-le César ! » et la foule applaudit. Les Romains de Shakespeare ressemblent assez aux Français d'aujourd'hui.

Moïse a mis quarante ans à conduire les enfants d'Israël de l'Egypte dans la terre promise ; il ne faudra sans doute pas moins de temps pour établir le règne de la démocratie pure. Encore y a-t-il beaucoup de chances pour qu'avant de toucher au but le peuple regrette les oignons d'Egypte, et se lasse de traverser le désert ; la route est longue, les obstacles sont nombreux ; il y a tant d'expériences à tenter, et de fautes à commettre ! Plus on fera de pas dans la voie de l'égalité absolue, plus il y aura d'intérêts lésés, et par conséquent de résistances à surmonter. Ceux qui se chargent de présider à une révolution si profonde s'assurent de la besogne pour toute leur vie : ils ne devront s'en prendre qu'à eux-mêmes s'ils n'obtiennent pas le salaire de leur travail. Avant qu'ils aient achevé leur œuvre, il faudra sans doute la défaire et la recommencer plus d'une fois. Les habiles sauront diriger la retraite aussi bien que la marche en avant. Le démagogue parfait devine le sentiment populaire, et prévoit les vicissitudes du courant. C'est par là qu'il se distingue du sectaire. Peut-être un jour travaillerez-vous à reconstruire ce que vous aurez aidé à démolir. Il est un art de ménager les transitions, de changer de système sans changer d'attitude, et de conserver la faveur du peuple à l'heure où le peuple est las de ses favoris et de leurs doctrines. Mais il faut se borner : je ne prétends pas dicter la conduite que vous aurez à tenir au milieu d'une génération que je ne connais pas, après des épreuves que je veux éloigner de mon imagination.

J'ai accompli ma tâche, et je vous ai indiqué la méthode qui me paraissait la plus propre à vous assurer aujourd'hui des succès dans la carrière politique. Je crois n'avoir rien omis d'important; je suis sûr de n'avoir rien dissimulé de grave; je me flatte aussi de n'avoir rien exagéré. Je ne sais si le programme que je vous ai tracé ne vous effraiera pas; mais il ne me convenait pas de vous tromper. Vous voulez prendre part à la gestion des affaires publiques, y prendre part de la façon la plus brillante et la plus profitable au point de vue de l'ambition : j'ai dû vous exposer les avantages et les charges de la profession de démagogue. Je vous aurais sans doute bien plus rebuté si je vous avais montré comment on sert le peuple sans le flatter. La vie du courtisan est quelquefois un peu rude; celle du serviteur véridique et fier est autrement cruelle. Si votre vocation politique n'est que le désir de parvenir décemment, gardez-vous bien de vous attacher scrupuleusement à la cause de la vérité et de l'intérêt national ; vous apprendriez trop vite à connaître les amertumes d'un dévouement impuissant et méconnu, les piqûres douloureuses de l'impopularité.

Un ancien favori de Louis XIV disait que la disgrâce ne rend pas seulement les hommes malheureux, mais qu'elle les rend ridicules ; on estimait que le dernier effort de la philosophie était de déplaire au maître, et de s'en consoler. Héritier de nos rois, le peuple souverain n'inflige pas un sort moins rigoureux à ceux qui prétendent le servir en n'écoutant que leur conscience, et lui parler avec une franchise sans limite. L'ambitieux n'est pas obligé d'être un malhonnête homme ; ce ne serait même pas habile. Mais s'il s'obstine à rester toujours sincère, à dire tout ce qu'il croit vrai, à conseiller tout ce qu'il croit utile, il doit se résigner à tous les déboires, et notamment au pire de tous : personne presque ne lui rendra justice, et c'est quand il fera le plus de sacrifices à sa conscience qu'il sera le plus calomnié. Il n'y a pas là de quoi vous tenter.

FIN.

TABLE

Pages.

A UN JEUNE HOMME 1

LIVRE PREMIER

LE SOUVERAIN

CHAPITRE PREMIER. — Quelques traits du caractère national. 15
CHAPITRE II. — La tradition monarchique 25
CHAPITRE III. — La tradition révolutionnaire 37

LIVRE II

L'ART DE PLAIRE

CHAPITRE PREMIER. — Le dévouement 65
CHAPITRE II. — La louange 75
CHAPITRE III. — L'espérance 97
CHAPITRE IV. — Les passions mauvaises 115
CHAPITRE V. — La haine 127
CHAPITRE VI. — L'envie 144

LIVRE III

LA DOCTRINE DÉMAGOGIQUE

CHAPITRE PREMIER. — Nécessité d'un principe 157

Chapitre II. — Choix d'un principe 171
Chapitre III. — L'égalité politique 187
Chapitre IV. — L'égalité sociale 221

LIVRE IV

DANS LA CARRIÈRE

Chapitre premier. — La presse 259
Chapitre II. — Les réunions publiques 273
Chapitre III. — Les élections 281
Chapitre IV. — Conclusion 301

VERSAILLES, IMPRIMERIE CERF ET FILS, 59, RUE DUPLESSIS.

www.ingramcontent.com/pod-product-compliance
Ingram Content Group UK Ltd.
Pitfield, Milton Keynes, MK11 3LW, UK
UKHW021850190726
13855UKWH00001B/247

9 782013 439732